U0076777

輕井澤

創造一次美好的
旅遊回憶♪

 深富歷史的避暑勝地輕井澤
徐徐清風沁涼心脾

上：雲場池（p22）下左起：輕井澤高原教堂的牧師館（p62）／ Petit Lapin（p82）／酸漿／虹夕諾雅輕井澤（p108）

在廣布於淺間山麓的豐沛綠意中，
集結了休閒、藝術與文學、經過時光淘洗的美味
以及現代風格飯店的輕井澤。
自從由一位傳教士發掘而出已過了120多年，
不妨前來體驗與日本近代化歷史一同
發展起來的度假區獨具的「正統韻味」。

上左起：輕井澤高原文庫 (p43)／輕井澤塔列辛 (p42) 下左起：舊輕銀座 (p24)／信濃追分文化磁場油屋 (p76)／黃花龍芽草／舊三笠飯店 (p21)

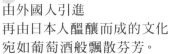

由外國人引進
再由日本人醞釀而成的文化
宛如葡萄酒般飄散芬芳。

將清澈的水與空氣
緊緊濃縮其中的
好滋味食材
讓人眼睛一亮。

在佈滿落葉的步道上
也能感受到徐徐微風與
緩緩時光流淌。

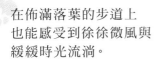

都是這裡的享受方式
試著思考些什麼也好
讓腦袋放空也好

輕井澤是什麼樣的地方？

是能享盡大自然、歷史、美食而廣受喜愛的高原度假區

輕井澤是位在海拔約1000m處的高原地帶，即使是盛夏也十分涼爽，明治時代便作為外國人傳教士的避暑勝地而發展起來。現在則以接近東京的高原度假區而廣為人知，現代風餐廳和咖啡廳（☞P30）、購物景點（☞P60）散布在豐沛的大自然中。

人稱「輕井澤之父」的A.C.蕭所創立的教堂（☞P20）

倒映在雲場池水面上的新綠及紅葉十分美麗（☞P22）

什麼季節最美？

首推新綠及紅葉時節 旺季需做好人擠人的心理準備

能欣賞輕井澤自然美景的時期為黃金週後的新綠時節與10月的紅葉季，也可以專攻輕井澤王子購物廣場（☞P46）的折扣季。不過在黃金週及7、8月前來需做好遇上洶湧人潮的心理準備。即使是其他時期，有時假日也會在城區內的路上塞車。

造訪輕井澤前的
必備旅遊知識

十分接近東京的高原度假勝地輕井澤，
不妨事先整理好在當地想玩什麼、能玩什麼，
來趟輕鬆愜意的週末小旅行。

該怎麼去？

講求快速的話就搭新幹線
想遊覽觀光景點的話就自駕

若搭乘新幹線，從東京到輕井澤約需1小時10分，由於去程從東京站出發6點起就有車，回程從輕井澤站出發直到22點都還有班次，能玩上一整天。若是兩人以上則自駕較划算，雖然可以有效率地進行遊覽，但旺季時碓冰輕井沢IC（交流道）及輕井沢バイパス（外環道）等地會塞車，需多加留意。（☞P126、130）

前往輕井澤是搭乘
北陸新幹線

觀光要花多少時間？

若想遊歷主要觀光景點
即使當日往返也足夠玩得盡興

只要搭上8點多從東京站發車的新幹線，可在輕井澤停留13小時，應能逛完位在步行範圍內的新、舊輕井澤以及站前的購物廣場等景點。若騎腳踏車或開車自駕，還能將南、中輕井澤也納入行程。如想多逛濃追分（☞P72）及周邊區域（☞P115）的話則可下榻一晚。

伴手禮店林立的
舊輕井澤銀座通（☞P24）

輕井澤+多1天的觀光？

開車兜風到近郊的小諸或
橫川、北輕井澤

輕井澤西邊的小諸（☞P116）周邊盛行栽種水果及蔬菜，散布許多可享受味覺饗宴的觀光農園及酒莊（☞P106）。距輕井澤車程約30分鐘的橫川（☞P120）是留有明治時代鐵路遺跡和建築物的景點。到北輕井澤（☞P118）之間的淺間山麓則是令人暢快的兜風路線。

小諸松井農園（☞P106）
的蘋果園

有多家高人氣老字號
咖啡廳，如茜屋珈琲
店舊道店（☞P37）

第一次去輕井澤絕不可錯過的？

漫步舊輕銀座和舊三笠飯店
還有在購物商場大買特買

必遊觀光景點集中在舊輕井澤。老店櫛次鱗比的
舊輕銀座通（☞P24）和列入國家重要文化財的
舊三笠飯店（☞P21）都是初訪輕井澤的遊客必
去的景點。站前的輕井澤王子購物廣場（☞
P46）則是熱愛逛街的人千萬不能錯過的景點。

曾經是華麗社交場
所的舊三笠飯店

聚集約240家店的
購物商場

三角形屋頂的輕井
澤高原教堂，旁邊
則是牧師館

想體驗輕井澤風情時？

在林間散步＆單車遊
也別忘了歷史悠久教堂的巡禮

若打算飽享輕井澤的自然風光，推薦前往樹木
林立的林蔭道散步（☞P22）或是騎自行車遊
逛必遊景點（☞P20）。此外，在日本聖公會
輕井澤蕭紀念禮拜堂（☞P20）和輕井澤高原
教堂（☞P62）等佇立於森林中的教堂內，遠
離日常喧囂，細細品味這份寧靜也不錯。

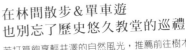

不可錯過的美味是？

早上現採的高原蔬菜及水果、名廚大展身手的法國菜

輕井澤的代表性食材非當地產的鮮嫩高原蔬菜（☞P100）莫屬，也因為早晨鮮採的蔬果唾手可得，這裡散布著能夠盡情品嘗當令美味的餐廳。此外，也有不少一流主廚深受新鮮食材吸引而至輕井澤開店，能在此品味精緻的法國菜（☞P84）也是其魅力所在。

無彩庵 池田（☞P100）的午間全餐一例

堅持使用當季食材的沢屋（☞P104）果醬

French Bakery（☞P102）廣受歡迎的法國麵包及鹽可頌

伴手禮要選什麼好？

老字號烘焙坊的麵包、果醬和乳製品等高原美食

隨著來避暑的外國遊客一同發展起來的輕井澤，可說是率先融入西洋文化的城鎮。堅守創業以來不變美味的老字號烘焙坊（☞P102）的麵包、果醬專賣店（☞P104）的果醬是伴手禮的最佳選擇，也別忘了近郊牧場所生產的乳製品（☞P104）。

想要小憩片刻時？

在綠意環繞的講究咖啡廳或榆樹街小鎮歇歇腳

獨具個性的獨棟咖啡廳散布在輕井澤各處，能在林木環繞的講究咖啡廳（☞P52）品嘗自製甜點度過美好時光。此外，在風雅商店聚集的榆樹街小鎮（☞P58），也可以在逛雜貨小店的空檔走進咖啡廳或餐廳坐坐，或坐在河邊的長椅悠閒享受。

約翰‧藍儂一家人也曾造訪的咖啡廳離山房（☞P52）

第1天

9:30 輕井澤站 出發～！

搭乘新幹線抵達輕井澤站，首先到站內的觀光服務處蒐集資訊（☞P16）

前往能欣賞四季不同景致的雲場池（☞P22），漫步池畔步道

在閑靜別墅林立的御水端通散步，走向雲場池泉源的御膳水（☞P22）

11:00 舊輕銀座通

一手拿著Mikado Coffee（☞P28）的摩卡霜淇淋®漫遊舊輕銀座通

分量飽足！

也到商店與餐飲店雲集的教堂街輕井澤（☞P24）逛逛吧

在佇立於舊輕銀座通附近的犀星之徑上的旧軽井沢café涼の音（☞P92）享用午餐

參觀暱稱為「輕井澤之父」的A.C.蕭所建立的蕭紀念禮拜堂（☞P20）

14:30 水車之道

走訪A.雷蒙所設計的聖保羅天主教教堂（☞P21），也別錯過聖方濟各像

15:00 三笠通

參觀舊三笠飯店（☞P21），曾舉辦晚宴的大廳仍可窺見昔日風情

小憩片刻

在小木屋風格的咖啡廳ばいつぼおる（☞P37）品嘗店家主打的咖啡和自家製蛋糕

回到舊輕銀座通，在老字號果醬店沢屋（☞P104）採買果醬做伴手禮

18:00 舊輕井澤圓環

到裝潢時髦的蕎麥麵店輕井沢 川上庵（☞P99）飽享滋味豐醇的蕎麥麵及當地酒、單點菜餚

2天1夜的
極上輕井澤之旅

雖然一天就能玩遍必遊觀光景點，
但咖啡廳的早餐、單車遊、教堂巡禮也深具魅力。
盡情享受輕井澤特有的高原假期吧。

第2天

🌙 晚安…　☀ 早安!

20:00 住宿

下榻輕井澤歷史最為悠久的西式飯店——萬平飯店(☞P109),飯店洋溢著古典風情

接著到三角形屋頂的輕井澤高原教堂(☞P62),若碰上星期天也想參加禮拜呢

在雜木林環抱的隱密咖啡廳離山房(☞P52)小憩,約翰‧藍儂也曾多次造訪本店

8:00 輕井澤本通

稍微早起一些到東雲交叉路口上的Natural Cafeina(☞P95)享用健康早餐

在高聳榆樹環繞、湯川沿岸上的榆樹街小鎮(☞P60)遊逛小店♪

`一望無際!`

來到輕井澤王子購物廣場(☞P46)展開期待已久的購物時光♪

`單車遊!`

在站前的自行車租借店借台自行車兜風去,首先前往中輕井澤!

`好好吃!`

榆樹街小鎮的il sogno(☞P58)吃得到加入滿滿蔬菜的義式料理

偌大的占地內約集結了240家店!除了時裝以外也有豐富的輕井澤和信州伴手禮

9:30 中輕井澤

擁有撼動人心的石頭與玻璃拱門的石之教會 內村鑑三紀念堂(☞P62)內部也不容錯過

13:30 南輕井澤

走下山坡前往輕井澤塔列辛(☞P42),宛如歐洲避暑勝地般的景致令人感動!

18:30 輕井澤站　`抵達~!`

在輕井澤站內的おぎのや輕井澤賣店(☞P16)購買峠之釜飯在車上享用!

`充分感受輕井澤之後…`

第3天要不要稍微走遠一些呢?

想前往小諸的話

小諸城址懷古園周邊、北國街道沿路仍留有驛站城鎮的風情,島崎藤村和高濱虛子等文人雅士深愛的景色也是其魅力所在(☞P116)。

不妨兜風前往北輕井澤

北輕井澤是熱門的兜風區域,可以逛逛鬼押出園等能盡享自然風光的休閒景點,或是走訪咖啡廳(☞P118)。

叩叩日本
cocomiru

輕井澤

Contents

輕井澤是
什麼樣的地方

輕井澤每個區域都魅力十足，
好好規劃行程才能更有效率地觀光。

觀光景點主要
分成4大區域

從JR輕井澤站步行可到的新、舊輕井澤是
擁有淵遠歷史的區域，不妨在樹木林立的
巷弄悠哉漫步。欲前往藝術景點散布其間
的南輕井澤、榆樹街小鎮所在地中輕井
澤，可搭乘町內循環巴士或直達星野度假
區的接駁巴士。此外，也推薦能徹底沉浸
在自然之中的單車遊。前往信濃追分則可
以搭乘電車沿信濃鐵道一路緩緩前進。

觀光前先蒐集資訊

JR輕井澤站內以及舊輕銀座的輕井澤觀光
會館、中輕井澤站旁的くつかけテラス內設
有觀光服務處，提供遊客景點導覽和住宿設
施介紹等服務。

洽詢 輕井澤觀光服務處（輕井澤站內） ☎0267-42-2491
輕井澤觀光會館 ☎0267-42-5538
輕井澤觀光服務處（くつかけテラス內） ☎0267-45-6050

なかかるいざわ
中輕井澤 ③
… P56

可以在榆樹街小鎮逛街、在輕井澤野鳥
之森散步，走訪神秘的教堂，順道來泡溫
泉等，有許多大人也能玩得盡興的景點。

淺間山

信濃追分 ④

往小諸
往小諸站

往佐久平・
長野站

しなのおいわけ
信濃追分 ④
… P72

本區有以舊中山道為中心來介紹驛站城鎮歷史的
鄉土館及文學館、復古風商店等，飄散著有別於
輕井澤中心區的風情。

しん・きゅうかるいざわ
新・舊輕井澤 ①

… P18

為輕井澤的門戶，餐廳及商家等皆以輕井澤本通為中心聚集於此。舊輕銀座周邊則散布著深具歷史的教堂及飯店等景點。

往萬座・鹿澤口

往草津溫泉

白絲瀑布　白絲Highland Way

146

舊三笠飯店

往安中榛名・高崎站

中輕井澤 ③

・榆樹街小鎮

舊輕銀座

新・舊輕井澤 ①

・雲場池

中輕井澤站

輕井澤站

信濃鐵道

北陸新幹線

信濃追分站

・輕井澤王子購物廣場

輕井澤塔列辛

18

② 南輕井澤

↓往碓冰輕井沢IC

みなみかるいざわ
南輕井澤 ②

… P40

有輕井澤塔列辛等藝術景點散布於此，擁有許多雅致的餐廳及咖啡廳也是本區一大特色。站前有大型暢貨中心。

旅遊據點在這裡！
輕井澤站周邊概況

這裡的交通起點是北陸新幹線及信濃鐵道有發拋輕井澤站，
先確認站內和周邊的景點，有效活用時間進行觀光吧。

輕井澤站內的 設施&商店情報

觀光服務處
かるいざわかんこうあんないじょ
輕井澤觀光服務處（輕井澤站內）

蒐集能在旅途派上用場的資訊

位在車站北口出入口附近的觀光服務處。
除了各式手冊以外，還有城區地圖、美術
館折價券、活動資訊等一應俱全。

☎0267-42-2491 ⏰9～17時30分（有季節性變動）休無休 P無 MAP P137D3

▲ 有任何問題都能輕鬆諮詢

いたりあん かふぇ ふぇるまーた
☕ITALIAN CAFE FERMATA
🐾OK（僅限露台，在店內需關籠）

在直通車站的咖啡廳善用時間

直通輕井澤站的咖啡廳，提供佛卡夏三明治454日圓和披薩627日圓等，輕食和飲品選擇十分多樣，所有餐點皆可外帶。

☎0267-42-0860 ⏰9～21時 休無休 P無 MAP P137D3

▲ 熱門的「淺間溶岩咖哩套餐」1404日圓

おぎのやかるいざわえきばいてん
🍱おぎのや輕井澤站賣店

吃得到滿滿情懷的手工鐵路便當

販賣昭和33年（1958）推出的日本首款釜飯鐵路便當，炊飯上頭擺滿9種配料，樸實懷舊的滋味正是魅力所在。

☎0267-42-8048 ⏰8～19時（可能變動，售完打烊）休無休 P無 MAP P137D3

▲ 廣受歡迎的峠之釜飯1000日圓

めいさんひんてん ぷりむろーず
🛍名產品店 prim rose

琳琅滿目的輕井澤&信州伴手禮

位在觀光服務處旁的伴手禮店，匯集多種輕井澤人氣店家的獨創商品及信州名產，也有販售飲品及點心。

☎0267-41-2067 ⏰9時30分～20時 休無休 P無 MAP P137D3

▲ 信州限定販售的角色商品也十分多樣

← 往中輕井澤

かるいざわほんどおり
輕井澤本通

從車站北口一路延伸到舊輕井澤圓環，是輕井澤的主要大道。人行道寬廣，也設有自行車道。

王子通

かるいざわえき みなみぐち
輕井澤站 南口

站前除了有計程車招呼站，星野度假區的接駁巴士也在此接送。可從站內的南北自由通路走往北口。

往碓氷輕井沢IC ↓

輕井澤站 北口
かるいざわえき きたぐち

輕井澤的正門，站前圓環
不但有開往城區各方向的
巴士在此出入，還有計程
車招呼站。

往舊輕井澤↑

Rental
Bicycles
市村輪店

Cyclemate Q
站前店

租車
澤站北口營業所

地產
サイクル

租車
澤

輕井澤本通

輕井澤站是選購伴手禮的最後一站

南北自由通路上有販售約100種信州味
噌的「信州のお味噌屋さん」（☎02
67-42-0525）及火腿香腸專賣店「信
州ハム輕井沢工房 ステーションショッ
プ」（☎0267-41-1186）等店面。

矢崎公園

矢崎公園
やがさきこうえん

擁有大片池塘及草原、占地約4萬6000
m²，是當地居民的休憩場所。不但能眺望
離山，晴朗時更可將淺間山盡收眼底。

☎0267-45-
8582（輕井澤
町地域整備課）
住輕井沢町輕
井沢東２８-１
時分休園內自
由參觀交JR輕
井沢站步行5分 P70輛（收費）
MAP P137D3

→往碓冰峠

往碓冰峠→

○信州ハム輕井沢工房
○信州のお味噌屋さん

日產租車　　　TOYOTA租車
輕井澤站前　　輕井澤站前店

輕井澤觀光服務處（輕井澤站內）

北口

置物櫃
（1樓）

○名產品店 prim rose ♀ 5號

●ITALIAN CAFE FERMATA

置物櫃
（1樓）　　♀　♀　♀　　　♀ 4號
置物櫃　　1號 2號 3號
（1樓）

信濃鐵道

信濃鐵道
輕井澤站舍

置物櫃

○おぎのや輕井澤站賣店

南北自由通路

新幹線
輕井澤
站舍

北陸新幹線

輕井澤站

置物櫃

南口

○輕井澤王子
購物廣場

巴士乘車處資訊

●北口
1號：西武高原巴士
（中輕井澤·鬼押出園·
萬座·草津溫泉方向）
輕井澤町內循環巴士
（東·南迴）
2號：草輕交通巴士
（北輕井澤·草津溫泉·小瀨
·白絲瀑布·舊輕井澤方向）
3號：高速巴士
（池袋·立川·橫濱·羽田·
京都·大阪方向）
4號：西武高原巴士
（夏季行駛）
5號：JR巴士關東（往橫川站）

●南口
星野度假區接駁巴士等

輕井澤王子
購物廣場
かるいざわ·ぷりんすしょっぴんぐぷらざ

走出車站南口，眼前便是一片暢貨商
場。腹地寬廣，建議搭配地圖才能有
效率地遊逛。

DATA（P46）

重點看過來！

參訪座落在綠意中的美麗教堂

不可錯過輕井澤蕭紀念禮拜堂(☞P20)等森林中的教堂景致。

有各式各樣十分講究的時尚甜點

重點看過來！

在新潮店家逛街或小憩片刻

輕井澤最為熱鬧的大街就在舊輕銀座，也別忘了一探小巷。(☞P24)

重點看過來！

下榻懷舊的古老旅館融入歷史風情

伴隨輕井澤的歷史一路走來的古老旅館——鶴屋旅館(☞P112)

能同時感受新、舊輕井澤兩樣風情的必遊區域

以傳統製法製作的火腿和香腸，就在腸詰屋輕井沢1号店(☞P37)

新·舊輕井澤

(しん・きゅうかるいざわ)

是這樣的地方

從輕井澤站一路到舊三笠飯店可說是必遊觀光區域。作為中心區域的舊輕銀座有約200多家商店林立，附近散布著老字號飯店及教堂等。從輕井澤站到北邊的輕井澤本通和六本辻周邊也有許多美術館和商店、餐廳。透過使用當地特產入菜的美食等，可以盡情品味高原度假勝地。

a c c e s s

●往舊輕銀座
輕井澤站搭乘草輕交通巴士或者西武高原巴士4分，在旧輕井沢巴士站下車。或者從輕井澤站步行約30分。

●往舊三笠飯店
輕井澤站搭乘草輕交通巴士8分，在三笠巴士站下車，步行5分。

(洽詢)
☎0267-42-5538
輕井澤觀光會館
☎0267-45-6050
輕井澤站內觀光服務處
〈つかサテラス內〉
廣域MAP P136～137

～新輕井澤‧舊輕井澤 快速導覽MAP～

觀光的提要
假日的舊輕銀座 建議不要騎自行車

黃金週和暑假甚至是週六、假日時的舊輕銀座可說是人潮洶湧。雖然並未禁止騎自行車，還是建議另尋能避開主要道路的路線。

穿過巨大落葉松的隧道

行道樹綿延近1km的三笠通，也很推薦染上金黃色彩的秋季。

靜靜參觀國際交流的軌跡

傳教士等移居至輕井澤的外國人所長眠的外國人墓地。

白絲 Highland Way
信濃路自然步道入口

5 舊三笠飯店 (☞P21)

♀三笠

愛宕山▲

2 日本聖公會輕井澤蕭紀念禮拜堂 (☞P20)

3 ciboulette (☞P37)

舊碓冰峠遊步道

•二手橋

6 御膳水 (☞P22)

4 輕井澤聖保羅天主教教堂 (☞P21)

•室生犀星紀念館

旧軽井沢GC
鹿島森林酒店

旧軽井沢

•輕井澤聯合教堂

萬平飯店

在輕井澤扎根的古典飯店

沿著萬平通前進，會看見萬平飯店的代表性建築，阿爾卑斯館。

離山▲

離山公園

雲場池

雲場亭

六本辻‧雲場池♀

外國人墓地

輕井澤音羽之森酒店

細語小徑

輕井澤本通

輕井澤瑪羅德酒店

TOKYU Harvest Club Kyukaruizawa

1 矢崎公園 (☞P17)

往中輕井澤站←

軽井沢東部小

軽井沢高

軽井沢署 ⊗

輕井澤賽普拉斯酒店

舊軽井沢

駅入口

18

往横川→

中山道

信濃鐵道 **輕井澤站**

北陸新幹線

19

自行車推薦路線

3小時

從車站北口經由細語小徑前往萬平通。從二手橋到聖保羅教堂就止水重之道。從御膳水通往雲場池的御水端通是可以順道欣賞別墅的有趣路線。

起點

1 參觀 矢崎公園
2 參觀 日本聖公會輕井澤蕭紀念禮拜堂
3 咖啡廳 ciboulette
4 參觀 輕井澤聖保羅天主教教堂
5 參觀 舊三笠飯店
6 參觀 御膳水

終點

JR‧信濃鐵道 輕井澤站 ▶ 自行車3分 ▶ 矢崎公園 ▶ 自行車15分 ▶ 日本聖公會輕井澤蕭紀念禮拜堂 ▶ 自行車1分 ▶ ciboulette ▶ 自行車4分 ▶ 輕井澤聖保羅天主教教堂 ▶ 自行車11分 ▶ 舊三笠飯店 ▶ 自行車15分 ▶ 御膳水 ▶ 自行車15分 ▶ JR‧信濃鐵道 輕井澤站

迎著舒爽的高原清風
騎自行車巡遊觀光名勝

若想遊覽必遊觀光景點則推薦騎自行車，
在群樹交織成拱形的林蔭大道上暢快飛馳。

自行車遊
約2小時
30分

1現今的建築是明治28年(1895)所建造 2木造的禮拜堂內可容納80人 3位在禮拜堂後方的蕭別墅紀念館是將蕭所建造的輕井澤首棟別墅加以修復而成，可參觀 4滿是青苔的小小石造二手橋 5從舊輕銀座經過二手橋，繼續走便能通往碓冰峠遊覽步道 6備受愛戴而被稱為「輕井澤之父」的A.C.蕭的半身像 7慈愛的聖方濟各之像 8曾在堀辰雄的小說《木頭十字架》中出現的輕井澤保羅天主教堂

にほんせいこうかい かるいざわ
しょーきねんれいはいどう

日本聖公會 輕井澤 ❶❷
蕭紀念禮拜堂 ❸❻

散發溫暖氣圍的
輕井澤最古老教堂

由在輕井澤建立第一棟別墅、進而發揚其避暑勝地魅力的加拿大傳教士A.C.蕭所建造，成為他在輕井澤進行布教活動的據點。

☎0267-42-4740 ⓙ輕井澤町輕井澤57-1 ⓨ自由參觀 ⓨ9~17時（禮拜・儀式時不開放參觀）ⓧ不定休 ⓔ舊輕井澤巴士站步行10分 Ⓟ無 ⓂⒶⓅP137D1

にてばし

二手橋 ❹❺

驛站城鎮時期
旅人分道揚鑣的橋樑

約1分

從舊輕銀座通朝北前行，便會看見這座矢崎川上的橋。江戶時代時此區曾因驛站城鎮而興盛，於旅館相識的旅人們會在這座橋上依依不捨的各分東西，由此得名。

☎0267-42-5538（輕井澤觀光會館）ⓙ輕井澤町輕井澤 ⓨⓔⓧ自由參觀 ⓔ舊輕井澤巴士站步行12分 Ⓟ無 ⓂⒶⓅP137D1

約2分

むろうさいせいぶんがくひ

室生犀星文學碑等

走訪與輕井澤有淵源的
文人雅士文學碑

矢崎川的河畔上設有室生犀星文學碑及2座石像。二手橋附近還有松尾芭蕉的句碑和正宗白鳥的文學碑，不妨至此追尋他們的足跡。

☎0267-42-5538（輕井澤觀光會館）ⓙ輕井澤町輕井澤821 ⓨ自由參觀 ⓔ舊輕井澤巴士站步行15分 ⓅP3輔 ⓂⒶⓅP135C2

9昭和45年（1970）歇業後被列為國家重要文化財 10曾舉辦晚宴及社交派對的大廳 11樓梯和窗櫺也散發著復古風情 12也因作為賞楓名勝而聞名的雲場池過去還曾被譽為「天鵝湖」(☞P22)

舊三笠飯店
自行車遊路線
300m
N
愛宕山
正宗白鳥文學碑
室生犀星文學碑
輕井澤聖保羅天主教教堂
二手橋
芭蕉句碑
旧軽井沢GC
旧ゴルフ通り
日本聖公會輕井澤蕭紀念禮拜堂
御膳水
舊輕井澤圓環
輕井澤聯合教堂
Cyclemate Q
舊輕本店
雲場池
脇田美術館
外國人墓地
雲場池通
新渡戶通り
東雲
矢崎公園
大賀通り
矢ケ崎通り
南ケ丘入口
信濃鐵道
新輕井澤西
新輕井澤
驛入口
輕井澤站
← 長野北陸新幹線

かるいざわせいぱうろかとりっくきょうかい

輕井澤聖保羅
天主教教堂 ❼❽

▶ 有著高聳尖塔的
三角形屋頂教堂

約7分

1935年，由英國的瓦特神父所建立的輕井澤最具代表性的教堂。建築物由建築界大師安東尼·雷蒙以故鄉捷克的教堂為參考所設計。

☎0267-42-2429 住軽井沢町軽井沢179 ¥自由參觀 ◷7～18時（禮拜、儀式時不開放參觀）休無休 交旧軽井沢巴士站步行6分 P無 MAP P137D1

きゅうみかさほてる

舊三笠飯店 ❾❿⓫

曾有許多文人雲集的
「輕井澤的鹿鳴館」

約11分

明治39年（1906）創業的純西式木造飯店，在明治、大正時代曾是文人及財政界人士雲集的社交場所。從輕井澤木雕的家具和水晶燈等，能感受到昔日的華麗氛圍。

☎0267-42-7072 住軽井沢町軽井沢1339-342 ¥入館400日圓 ◷9～17時（入館時間為～16時30分）休無休 交三笠巴士站步行3分 P30輛 MAP P135C2

さいくるめいときゅーきゅうかるほんてん

Cyclemate Q
舊輕本店

騎著適合自己的自行車
展開愜意單車遊

備有雙人協力車及電動輔助自行車等各式各樣的自行車款，還提供免費寄放隨身行李的服務。

☎0267-42-2365 住軽井沢町軽井沢1-12 ¥1小時540圓 ～ ◷9～17時（有季節性變動）休不定休（冬季有公休）交旧軽井沢巴士站步行即到 P3輛 MAP P137D2

新·舊輕井澤 ● 騎自行車巡遊觀光名勝

走過二手橋便是通往舊碓冰峠的路，從這裡開始禁止騎自行車進入，請小心留意。

感受高原微風的吹拂
在綠意環繞的林蔭道散步

如果想盡情享受輕井澤的大自然，首先往綠樹環抱的步道去。
讓我們一同呼吸高原的澄澈空氣，在靜謐的道路上漫步。

相傳是巨人留下腳印的細長形池塘

雲場池～御膳水

▶池畔的步道走一圈約25分鐘

步行 **25**分

所需 **30**分

新輕井澤
くもばいけ
雲場池

樹蔭下十分涼爽的療癒景點

這座池塘便是御膳水的源頭，不光是新綠季節風景優美，還能在此欣賞秋季紅葉、冬季雪景等四季不同的美景。水池周圍設有長約1km的步道，可以一邊望著湖畔景致一邊散步。

☎0267-42-5538(輕井澤觀光會館) 🏠輕井沢町軽井沢 🈺 🈺自由參觀 🚉六本辻・雲場池巴士站步行3分 🅿30輛 **MAP** P137C2

舊輕井澤
ごぜんすい
御膳水

清澈泉水湧出的地方

鹿島森林中潺潺湧出的天然水，流向雲場池。雖然在江戶時代被稱為「御水端」，後因用於領主及皇室的御膳而開始有了「御膳水」之稱。

☎0267-42-3535(鹿島森林酒店) 🏠軽井沢町軽井沢 鹿島森林酒店腹地內 🈺 🈺自由參觀 🚉JR輕井澤站搭計程車8分 🅿50輛 (利用鹿島森林酒店停車場) **MAP** P137C1

◀據說也曾用於烹製明治天皇的御膳

細語小徑～
萬平通～水車之道

與輕井澤有淵源的外國人在此長眠

位在雲場池附近巷弄內的外國人墓地，是傳教士、移居至輕井澤的外國人長眠之地，是國際交流盛行的輕井澤特有的文化遺產。

MAP P137C2

新‧舊輕井澤 ① 在綠意環繞的林蔭道散步

舊輕井澤
ささやきのこみち
細語小徑

堀辰雄與情人一同走過的相思樹林蔭道

曾在與輕井澤有淵源的作家堀辰雄的小說《美麗村》中出現的矢崎川沿岸步道。因路旁設有療養院，又有療養小巷之稱。

Ｙ ⏱ 休 自由散步 **MAP** P137D2

◀別墅林立的靜謐街道

舊輕井澤
まんぺいどおり
萬平通

▲創業於明治27年(1894)歷史悠久的萬平飯店

通往輕井澤的象徵萬平飯店的道路

被沉靜的森林氣息環繞，能感受到避暑勝地輕井澤歷史的街道。布滿青苔的石牆與大樹綿延，別墅在群樹間若隱若現，或許還會遇見松鼠喔。

Ｙ ⏱ 休 自由散步 **MAP** P137D2

步行
10分

▲由於路寬較窄，需留意車輛往來

步行
20分

舊輕井澤
すいしゃのみち
水車之道

▶座落在水車之道途中的聖保羅天主教教堂

教堂文化留存的舊輕井澤小巷

與舊輕銀座通北側道路並行的小路。過去在鶴屋旅館後方曾有座碾粉的水車，因而獲外國傳教士取名為「Water Wheel Road」。

Ｙ ⏱ 休 自由散步 **MAP** P137D1

▲同時也是舊輕銀座通的迂迴遠路

散步小建議

在舊輕井澤地區，落葉松林間有體現輕井澤風情的鬱蔥街道交織綿延，其中也有車流量較大的道路，需多加注意。由於是位在別墅勝地內，享受散步樂趣的同時也別忘了維護環境安寧。

◀行經室生犀星紀念館(☞P25)一帶。前往一窺文豪深深喜愛的別墅吧

\順道過來看看！/

しょーはうすねんかん
蕭別墅紀念館

將輕井澤首棟別墅遷移復原而成。**Ｙ** 免費入館 ⏱ 9～17時 (7～9月為～18時) **休** 週四 (逢假日則開館、7月15日～9月15日無休)、11月4日～3月31日
MAP P136B1

📖 輕井澤有「近衛小巷」、「犀星之徑」等以相關人物的名稱來取名的街道。

水車之道
鶴屋旅館
萬平飯店
萬平店
133
舊輕井澤飯店
輕井澤主音羽之森酒店
細語小徑
輕井澤瑪羅德酒店

往蕭別墅紀念館

前往輕井澤首屈一指的
鬧區舊輕銀座逛逛

古早味商店及新穎店家櫛次鱗比的舊輕銀座通，
不妨從頭走到尾，徹底征服熱鬧非凡的舊輕銀座一帶吧。

▲從舊輕銀座通延伸至聖保羅天主教教堂的廊道

ちゃーちすとりーとかるいざわ
教堂街輕井澤

舊輕銀座的一大象徵

位於舊輕銀座通中央，集結餐飲店和商店的購物商場。設有屋頂，即使雨天也能放心逛街購物。廣場上也會舉辦活動。

☎0267-41-2501 軽井沢町軽井沢601-1 因店而異 週四不定休(7~10月無休) 旧軽井沢巴士站步行4分 P約40輛 MAP P24

舊輕銀座是什麼樣的地方？

從舊輕井澤圓環一路延伸到鶴屋旅館附近，以舊輕銀座通為中心的區域。大馬路和巷弄內有成排的伴手禮店及餐飲店，吸引眾多觀光客。黃金週及夏季會有部分時段劃為行人徒步區※。

※黃金週~11月底的週六日、假日的11~18時(7月中旬~9月上旬為每天11~18時)，舊輕井澤圓環~輕井澤觀光會館周邊會實施車輛管制。旺季時連自行車都難以通行。

也別錯過小巷弄

旧軽井沢巴士站即到 MAP P137D1

しらかばどう きゅうかるいざわぎんざほんてん
白樺堂 舊輕井澤銀座本店

將食材的美味濃縮成果醬

昭和23年（1948）創業的果醬＆甜點工房。使用藍莓和杏桃等當令水果製作而成的自製果醬150g540日圓~非常受歡迎。

☎0267-42-2178 軽井沢町軽井沢605 9~18時(有季節性變動) 無休(冬季不定休) 旧軽井沢巴士站步行4分 P無 MAP P24

▲放入大量果肉的果醬琳瑯滿目，為店家得意之作

▼甚至能倒過來在天花板上行走?!

とりっくあーとみゅーじあむきゅうかるいざわ
錯視藝術博物館舊輕井澤

體驗不可思議的世界

能體驗利用視覺錯視打造出奇妙世界的錯視藝術美術館，展示錯視畫等約100幅作品。擺好姿勢拍出奇特的照片吧。

☎0267-41-1122 軽井沢町軽井沢809 1500日圓 10~18時(7月17日~8月底為9~19時) 無休(冬季休館，需洽詢) 旧軽井沢巴士站即到 P40輛(付費) MAP P24

🎵 軽井沢写真館
かるいざわしゃしんかん

穿上洋裝拍照留念

能穿上從國外進口的稀有服飾或洋裝拍紀念照，也可在室外拍照。費用為包含服裝使用費在內3880日圓～。

▲服裝超過70件，還有明治時代貴婦風格的洋裝

☎0267-42-8309 (住)軽井沢町軽井沢641 (時)10～18時 (休)不定休 (交)旧軽井沢巴士站步行8分 (P)無 (MAP)P25

🏠 土屋写真店
つちやしゃしんてん

珍貴照片妝點店內

自明治39年（1906）創業以來，持續捕捉紀錄軽井澤變遷的相館。也能在此拍攝紀念照（2張2500日圓～）。

▲排滿了珍貴的照片，皇族的相片也在其中。明信片110日圓～

☎0267-42-2167 (住)軽井沢町軽井沢619 (時)9～18時(7·8月為8～19時) (休)無休(冬季有公休) (交)旧軽井沢巴士站步行6分 (P)無 (MAP)P25

舊輕銀座的觀光服務處

設在舊輕銀座通上的輕井澤觀光會館內，除了提供觀光及住宿的諮詢服務以外，還備有各式手冊，不妨順道來看看吧。

☎0267-42-5538 (MAP)P25

🛍 RESORT STYLE 軽井沢
りぞーとすたいる かるいざわ

處處講究的家具&雜貨

蒐羅全球的講究雜貨等，從世界各地精選而出的商品，宛如「珠寶盒」般的店家，可以來此替心愛的人挑選禮物或尋找輕井澤伴手禮。

☎0267-46-8588 (住)軽井沢町軽井沢746-4 (時)10～18時30分 (休)無休(冬季有公休) (交)旧軽井沢巴士站步行7分 (P)無 (MAP)P25

▲陳列許多令人興奮心動的商品

新·舊輕井澤 ● 前往舊輕銀座逛逛

地圖

ciboulette P.37

茜屋珈琲店 舊道店 P.37
鶴屋旅館 P.112
神宮寺
KARUIZAWA DELICA TESSEN P.29
French Bakery P.102
KARUIZAWA CREEK GARDEN
往舊碓冰峠·日本聖公會軽井澤蕭露紀念禮拜堂
土屋写真店 P.25
大坂屋家具店 P.27
ちもと P.25
JAM KOBAYASHI P.29·104
軽井沢写真館 P.25
大倉陶園 軽井澤店 P.27
軽井沢のころっけやさん P.29
庶民派フレンチ洋食 KAZURABE (2F) P.93
BOULANGERIE ASANOYA
軽井澤舊道本店 P.102
軽井澤觀光會館
大城レース P.27
St. Cousair Winery
軽井澤舊道店 P.29
作りたてジェラート L'ibisco P.37
旧軽井沢 csfé 涼の音 P.37 / P.92
室生犀星紀念館 P.25
RESORT STYLE 軽井沢 P.25
沢屋 舊軽井澤店/ 喫茶サロン P.104
軽井澤聯合教會 P.36·132
主諏訪之森公園

洗手間位在舊輕銀座通上的輕井澤觀光會館及教堂街輕井澤內，兩處皆須付費，100日圓。免費洗手間則設置於町營舊輕井澤停車場前、二手橋、諏訪之森公園。

🍵 ちもと
ちもと

👣OK (僅限露台)

體驗江戶旅人的心情小憩片刻

讓人彷彿置身於驛站城鎮茶屋的甜品店。這裡的名產是將黑糖及核桃包入求肥麻糬內的ちもと餅227日圓，夏天另推薦冰抹茶734日圓和天然刨冰626日圓～。

▲ちもと餅（前）與風味濃郁的蕎麥糯子1串205日圓（後）

☎0267-42-2860 (住)軽井沢町軽井沢691-4 (時)9～18時(夏季～19時) (休)無休(冬季有公休) (交)旧軽井沢巴士站步行7分 (P)無 (MAP)P25

🏛 室生犀星紀念館
むろうさいせいきねんかん

文豪曾居住過的故居

活躍於大正～昭和中期的作家室生犀星的故居，從1931年到過世前年的30多年間，每年夏季室生犀星都在這裡度過。堀辰雄和川端康成等人也曾造訪。

☎0267-45-8695 (軽井澤町教育委員會) (住)軽井沢町軽井沢979-3 (時)自由參觀 (休)9～17時 無休(11月4日～4月28日休館) (P)無 (交)旧軽井沢巴士站步行10分 (MAP)P25

▲可以參觀純和風的建築外觀以及他親自設計的庭園

 位在舊輕銀座通後巷的輕井澤會網球場因日本天皇與皇后在此邂逅而出名。

舊輕銀座深獲喜愛至今的
老店推薦名品不容錯過

長年以來備受避暑遊客與別墅族喜愛的多家舊輕銀座名店，
到這裡尋找工匠大展技藝的老店特有逸品吧。

くさきや
草木屋

古法染色精品「草木染」店家

將工坊設在群馬縣富岡的山崎樹彥於夏季限定
開店，販售採用約30種當地天然染料植物等所染
製的絲線與布料、作品等。

☎090-1797-1588 住軽井沢町軽井沢754 時11～17時
（有季節性變動）休週二～週四（7～9月無休，冬季有公休）
交舊輕井澤巴士站步行7分 P無 MAP P24

❶麻與棉質的型染面紙套各
1620日圓～ ❷印上花草及風
景圖案的型染杯墊各540日圓
❸素雅花紋深獲好評的書籤
各300日圓 ❹觸感柔順的絲
巾2160日圓～ ❺使用手織木棉
布料製成的貓咪包2500日圓

いっちょうどう かるいざわぼり かぐこうぼう
一彫堂 軽井沢彫 家具工房

製作老字號飯店愛用的家具

為傳教士的別墅及萬平飯店（☞P109）提供家具
的輕井澤木雕名店，傳統的櫻花雕刻如今已傳承
到第三代等工匠的手中。

☎0267-42-2557 住軽井沢町軽井沢775 時10～
18時（夏季為9～20時）休無休（冬季不定休）交舊輕
井澤巴士站步行3分 P無 MAP P24

❻採玫瑰和葡萄造型的頸鍊為
1728日圓～ ❼四角杯墊1個
3186日圓，畫龍點睛的櫻花圖
案非常可愛

擄獲別墅族胃口的烤全雞

採用旋轉烤爐細細烘烤的烤全雞
2100日圓就是鳥勝的名菜，外皮
酥脆、肉質多汁。
☎0267-42-2602 **MAP**P24

⑩
おおしろれーす
大城レース

設計優雅的蕾絲讓人心醉

因應外國別墅族的需求而在大正9年（1920）創
業，提供刺繡手帕870日圓～和陽傘3240日圓～
等繡有細緻刺繡花紋的蕾絲製品。

☎0267-42-2107 **住**輕井沢町輕井沢745 **時**9時30分～
18時30分（11～4月為10～17時，8月為20時）**休**無休（2月
不定休）**交**舊輕井沢巴士站步行5分 **P**無 **MAP**P24

⑧珠寶袋980日圓為你保管貴
重的珠寶，可應用於出外旅行
⑨蕾絲杯墊250圓～，有多種
材質和款式可挑選，來找出心
儀的杯墊吧 ⑩鏤空蕾絲迷你
束口袋1600日圓，質感厚實而
不失可愛

おおさかやかぐてん
大坂屋家具店

精心設計的輕井澤木雕家具

明治25年（1892）創業，以專為外國別墅族製作
家具而起家。除了販售量身訂製的家具以外，還
販售杯墊4320日圓～等雜貨。

☎0267-42-2550 **住**輕井沢町輕井沢629 **時**10～17時
（夏季為9時30分～20時）**休**週四（逢假日則營業，夏季無
休）**交**舊輕井沢巴士站步行5分 **P**無 **MAP**P25

⑪筷子4104日圓～，筷架3240
日圓～ 有2色 ⑫手掌大小的
圓鏡4536日圓～ 可以搭配手
鏡袋1620日圓一同使用

おおくらとうえん かるいざわてん
大倉陶園 輕井澤店

頂級瓷器的暢貨商店

頂級西洋餐具廠牌「大倉陶園」的直營店面，大
倉旗下最具代表性的白瓷以及手工繪製的圖案、
美麗雕飾皆展現出傳統技藝的出色。

☎0267-42-5122 **住**輕井沢町輕井沢632ポケットパーク
632内 **時**10～18時（可能變動）**休**無休（11月中旬～4月下旬公
休）**交**舊輕井沢巴士站步行6分 **P**無 **MAP**P25

⑬美麗的分裝小盤1個3402日
圓一共6款，可盛裝和菓子 ⑭
以微風吹過葡萄園為設計概念
的「葡萄園之風」牛奶壺5400日
圓 ⑮「葡萄園之風」的糖罐，
藉由大倉陶園獨特的岡染技法
來呈現細膩的色彩

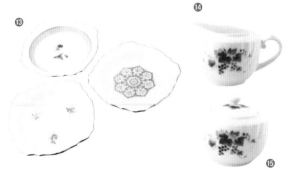

📖 大城レース有時會在11月上旬舉辦特賣會，千萬別錯過。

來舊輕銀座沿街吃美食&
將美食伴手禮帶回家

提到舊輕銀座的必玩要項，絕對是外帶美食&採購伴手禮莫屬。
快來一探令人好奇的店家，享受隨興遊逛小鎮的樂趣。

◀口感彈牙的
串烤軟仙貝

てらこやほんぽ
かるいざわてん

① 寺子屋本舖
輕井澤店

焦香引人上門

▶有海苔120
日圓等超過
40種口味

使用100%日本產糯米的手工仙
貝專賣店，可以在店門口零
買。添加山藥的串烤軟仙貝200
日圓和仙貝120日圓～最適合當
逛街的小點心。

☎0267-42-1131 住輕井沢町輕
井沢570 營9時30分～17時30分(有季
節性變動) 休無休 交舊輕井沢巴士站
步行2分 P無 MAP P24

店內擺滿了伴手禮用的商品

ぐろっさりーこーと せるふぃゆ
かるいざわぎんざてん

② Grocery Court
Cerfeuil 輕井澤銀座店

可愛瓶裝琳瑯滿目

▲風味濃醇的特級布丁醬
739日圓

堅持無添加的瓶裝食品專賣
店，提供滿滿果肉的果醬以及
沾醬、淋醬、調味料等超過200
種選擇，標籤貼紙也很時髦。

☎0267-41-3228 住輕井沢町輕
井沢606-4 營10～18時(旺季會延長營
業) 休無休(冬季不定休) 交輕井沢巴
士站步行4分 P無 MAP P24

可以試吃果醬和沾醬，方便
找到喜歡的口味

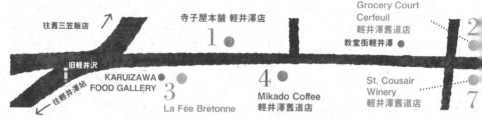

往舊三笠飯店　　　　寺子屋本舖 輕井澤店

Grocery Court
Cerfeuil
輕井澤舊道店

教堂街輕井澤 ●

旧軽井沢

KARUIZAWA
FOOD GALLERY

往輕井澤站

3
La Fée Bretonne

4 ●
Mikado Coffee
輕井澤舊道店

St. Cousair
Winery
輕井澤舊道店

1
2
7

奶
油
500
日
圓

巧
克
力
香
蕉
切
片
杏
仁
鮮

ら・ふぇ・ぶるとん
③ La Fée Bretonne

外帶人氣可麗餅

將法國布列塔尼地區的食譜加
以變化製作的可麗餅店。除了
超過10種口味的可麗餅300日
圓～以外，也推薦100%蕎麥
粉製的法式薄餅600日圓～。

☎無 住輕井沢町輕井沢805 營10
時30分～17時(有季節性變動) 休週
五(冬季有公休) 交舊輕井沢巴士站步
行2分 P無 MAP P24

掛著藍色門簾的小店，快來
店前買現做的好滋味

▶採用自家焙煎的咖
啡，摩卡霜淇淋

▲由於是點餐後才開始
濾泡，能當現沖風味

店內可享用家常綜合咖啡
580日圓～搭配蛋糕套餐

みかどこーひー
かるいざわきゅうどうてん

④ Mikado Coffee
輕井澤舊道店

咖啡烘焙品牌的直營店

Mikado Coffee的摩卡霜淇淋©
(外帶350日圓、店內喫茶430
日圓)是舊輕井澤銀座通的名
產，吃得到創業超過60年的老
字號咖啡烘焙品牌特有的風
味。

☎0267-42-2453 住輕井沢町輕
井沢786-2 營10～17時(有季節性
變動) 休不定休 交舊輕井沢巴士站步
行3分 P無 MAP P24

傳說中的三笠飯店咖哩

三笠飯店的前主廚重現昔日食譜，除了可在城鎮內的數家餐廳享用之外，KARUIZAWA FOOD GALLERY也有販售調理包972日圓。
☎0267-42-0689　MAP P24

◀手工炸肉餅麵包459日圓
▼蘋果可樂餅130日圓

かるいざわのころっけやさん
軽井沢の ころっけやさん

趁熱大口品嘗美食

主打現炸酥脆口感的可樂餅專賣店，不但有經典口味馬鈴薯可樂餅168日圓，還有咖哩、南瓜等五花八門的口味。

☎0267-42-7667　軽井沢町軽井沢634　10～18時（有季節性變動）　無休（12～3月公休）　旧軽井沢巴士站 步行6分　P無 MAP P25

由於是點餐後現炸，隨時都能吃到現炸的美味

▲火腿100g 480日圓～、香腸100g 280日圓～

かるいざわでりかてっせん
KARUIZAWA DELICA TESSEN

德國人直授的直火煙燻

提供以櫻花木和橡木的木柴燻烤出香氣濃厚的火腿及香腸。使用豬肉和牛肉等日本產食材，以創業第一代向德國專家學來的古早味直火式煙燻用心烘烤。

☎0267-42-6427　軽井沢町軽井沢657-6　9時～17時30分（冬季～17時）　週四（7月下旬～9月上旬無休，1月～3月中旬為週三、四休）　旧軽井沢巴士站步行9分　P無 MAP P25

塊狀火腿和香腸排排站，購買時才切片

地圖

5　軽井沢のころっけやさん
● 神宮寺
6　KARUIZAWA DELICA TESSEN

● 軽井澤觀光會館
8　JAM KOBAYASHI　KARUIZAWA CREEK GARDEN
● 鶴屋旅館
往舊碓冰峠 →

◀相當順喉的蘋果酒750ml 1852日圓

◀酸味恰到好處的長野 夏多內 750ml 3456日圓

さんくぜーるわいなりーかるいざわきゅうどうてん
St. Cousair Winery 輕井澤舊道店

自家農園產的葡萄酒是一大亮點

由在長野縣內擁有葡萄園的酒廠所經營，除了有採用100%自家農園的夏多內釀成的葡萄酒外，更販售自製果醬和義大利麵醬等豐富商品。

☎0267-41-3903　軽井沢町軽井沢750-3　9時30分～18時（有季節性變動）　無休（12月中旬～3月中旬公休）　旧軽井沢巴士站步行4分　P無 MAP P24

還有曾入圍葡萄酒競賽或在歐洲國際品質鑑組織獲得金獎的商品

▶和歌山縣的特產，三寶柑橘子醬285g 864日圓

◀栗子醬285g 972日圓

じゃむこばやし
JAM KOBAYASHI

前蔬果行經營的果醬店

販賣俄羅斯人直授製法所做成的果醬，採用日本產細白糖，熬煮時盡可能保留水果原貌。也別錯過不同季節推出的果醬、使用花豆或香菇製作而成的瓶裝商品。

☎0267-42-2622　軽井沢町軽井沢710　10～18時（夏季會延長營業）　週三、四（逢假日則營業，8月無休）　旧軽井沢巴士站步行8分　P無 MAP P25

商品的陳列方式展現出獨特品味

在設有露台的咖啡廳度過悠閒愜意的輕井澤時光

新輕井澤有許多群樹圍繞的露台咖啡廳，
感受高原微風吹拂，細細品嘗美味甜點。

新輕井澤 🐾NG

たんねんてい
且念亭

口味與香氣格外突出的冰滴咖啡

善用輕井澤甘甜的水質，花上10小時細心萃取出的冰滴咖啡最為出名。透過用心的萃取，才能避免雜味、飄散出芳醇香氣，可搭配以不外傳食譜做出的自家製巧克力蛋糕一起品嘗。

☎0267-42-5616 🏠輕井沢町輕井沢東4-2 ⏰9～19時(黃金週、7～9月為8時～) 休無休 🚉JR輕井澤站步行2分 🅿11輛 **MAP**P137D3

▶上：口味不過甜又濃醇的巧克力蛋糕650日圓也很受歡迎
下：從黃金週開放到10月左右的露臺座也讓人心曠神怡

冰咖啡 700日圓
花上時間細細萃取而出的頂級冰咖啡，也可以在店內欣賞萃取過程。

新輕井澤 🐾OK

ざ しゅがー すぽっと こーひー
The Sugar Spot Coffee

玩心洋溢的休憩空間

能一嘗自家焙煎的特調咖啡550日圓～，除此之外，可以自己享受拿鐵拉花樂趣的可可亞(兒童350日圓)和早午餐也廣受喜愛。

☎0267-41-0044 🏠輕井沢町輕井沢1323-1465 ⏰8時30分～17時(16時30分LO) 休週三、第1週四(11～4月為週四休)，3月下旬～4月上旬 🚉JR輕井澤站車程5分 🅿15輛 **MAP**P136B3

香蕉與核桃的
杯子蛋糕盤餐
飲品套餐1000日圓
還會附上優格及水果。

▲時尚又不失沉穩的空間。店內設有兒童遊戲區，外頭則有吊椅

送禮用的巧克力點心也很豐富。

新輕井澤 🐾OK（僅限露台）

ばー どう しょこら

Bar de chocolat

巧克力專賣店的頂級甜點

能品嘗將法國產高級巧克力經巧手變化而成的甜點及飲品。夏季推薦義式冰淇淋全口味480日圓，冬季則有熱巧克力各600日圓。獨創的鮮奶油蛋糕也備受好評。

☎0267-42-4122 🏠輕井沢町輕井沢2200 🕚11～19時（有季節性變動）🈺週二，有其他不定休 🚌野沢原巴士站步行1分 🅿10輛 **MAP** P137C2

雲場蛋糕卷 390日圓
使用信州產的品牌蛋和法國產的蜂蜜等食材，蛋糕套餐850日圓～。

▶位於結婚會場「Villas des Mariages KARUIZAWA」內，綠意環抱的露台座很受歡迎

香蕉蛋糕 850日圓
咖啡 850日圓
遵循創業以來的食譜所製作的經典款蛋糕，搭配咖啡享用。

▲面向庭院的露台座超過20席，有時還會有野鳥或松鼠造訪。兒童以外不可只點蛋糕

新輕井澤 🐾OK

かふぇ・らふぃーね

CAFÉ Raffiné

新藝術運動風格的洋樓咖啡廳

望著爬滿青苔的庭園，彷彿來到了別墅一般。讓生豆乾燥2～3年而成的老咖啡豆沖泡出的咖啡，酸味與苦味融合的恰到好處，不妨再來塊自製蛋糕享受優雅好時光。

☎0267-42-4344 🏠輕井沢町六本辻1663 🕚11～18時（黃金週、8月為10～19時）🈺不定休（黃金週、8月無休）🚉JR輕井沢站步行15分 🅿7輛 **MAP** P137C2

新輕井澤 🐾OK（僅限露台）

かふぇてらす みはえる

café et thé Michael

在老咖啡廳享受午茶時光

創業41年的輕井澤首家開放式露台咖啡廳。由第一代俄羅斯籍老闆所構思的道地俄羅斯果醬茶和自製甜點非常受歡迎，也提供三明治（附飲品）1150日圓～等餐點。

☎0267-42-6750 🏠輕井沢町輕井沢1323-269 🕚10～18時（8月為9～19時）🈺4月～7月中旬的平日、10·11月的平日（12～3月公休）🚉JR輕井沢站步行13分 🅿3輛 **MAP** P137C2

俄羅斯茶 600日圓～
輕乳酪蛋糕 300日圓
內含白蘭地漬葡萄乾的香醇起司蛋糕。

▲佇立在幽靜的雲場池通上的紅牆獨棟建築。距離雲場池很近，讓人想在散步途中來坐坐

📖 雲場池通一帶是閑靜的別墅區，起源於大正時代外國人和日本的上流階級在此興建別墅。

邁向絕景登上觀景台
舊碓冰峠健行趣

從舊輕銀座一路健行到位於長野縣與群馬縣邊界的舊碓冰峠。
在綠意盎然的遊覽步道終點，有著廣闊美麗的全景風光等著你。

きゅううすいとうげゆうらんほどう
舊碓冰峠遊覽步道

在森林浴中來趟小小健行

從遊覽步道入口進入林道，在小河潺潺流水聲的陪伴下漫步於別墅區，不久便會看見一座大型吊橋。接著再朝路寬狹窄的山路前進，當看見橫跨在三度山林道上的路橋時，登山路線便只剩一半了。爬上緩緩的上坡，即抵達終點觀景台！

☎0267-42-5538（輕井澤觀光會館）図旧輕井沢巴士站步行20分至遊覽步道入口 P舊輕井澤町營停車場412輛（含小巴士）、觀景台5輛等 MAP P135C2

[健行路線表]

走上一圈約2小時

起點		1		2		3		4		終點
旧輕井沢 巴士站	約25分	遊覽步道入口	約10分	吊橋	約25分	路橋	約35分	觀景台	接駁巴士約15分	輕井沢觀光会館 巴士站

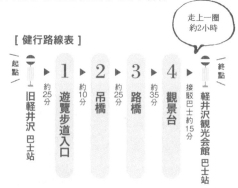

遊覽步道入口

從位在舊輕銀座通尾端的遊覽步道入口走進未鋪柏油路的林道，穿過閑靜的別墅勝地便逐步進入山路。

出發健行去～！

吊橋

龐然出現於森林中長約30m的木製吊橋，雖然會稍微搖晃，但從橋上往下一探便能看見小溪。

長野縣

群馬縣

200m

相馬御風歌碑
みくにぶみの碑
熊野皇大神社
往霧積溫泉
水神之碑
杉浦翠子歌碑
山口誓子句碑
信濃宮宗良親王歌碑
正宗白鳥文學碑
矢崎川
日本聖公會輕井澤蕭紀念禮拜堂
觀光會館前、旧輕井沢巴士站
小溪上有架小型橋樑
室生犀星文學碑
遊覽步道①入口
舊中山道
②吊橋
③路橋
穿過興建中的別墅區
道路非常狹窄
④觀景台
泰戈爾紀念像
萬葉歌碑
近藤翁頌德碑
和緩上坡一路綿延
二手橋
二手橋

舊碓冰峠遊覽步道

路橋
當走到架於林道上的路橋，便來到整個健行路線的中間點，從這裡開始是較為平緩的路徑。

搭接駁巴士上觀景台
從輕井澤觀光會館到觀景台，2017年在4月22日～11月27日的期間，預定1日行駛9～10班，單程500日圓、來回800日圓。
☎0267-42-0353（輕井澤交通巴士）

觀景台
抵達海拔約1200m的觀景台！能眺望八岳、南‧北阿爾卑斯山、赤城山等，一望無際的絕景就在眼前。

同時也是能欣賞美麗夕陽的「日落景點」

那就是淺間山！

泰戈爾紀念像
佇立於觀景台上的印度詩人泰戈爾之像。他曾在1916年到輕井澤演講，為紀念其誕辰120年而設立。

在縣境拍照留念！

舊碓冰峠的縣境
舊碓冰峠位處長野縣輕井澤町及群馬縣安中市之間。江戶時代時，貫穿這裡的路線便是中山道的主要幹道。

💡 **回程就搭巴士吧**
回程建議搭乘觀景台～舊輕銀座的接駁巴士，坐回輕井澤觀光會館約15分鐘。

聳立在舊碓冰峠的熊野皇大神社也位在兩縣邊界上，裡頭有樹齡850年的神木及長野縣最古老的狛犬坐鎮。

朝著滿滿負離子的
瀑布前進來趟河岸健行

林木環繞的清流沿岸步道是極致的療癒景點。
在潺潺流水聲與野鳥鳴唱聲的陪伴下朝著神秘的瀑布前進。

白絲瀑布

高3m、寬70m，有淺間山的伏流水湧出的瀑布。林木蓊鬱和岩石上的青苔皆是美不勝收，暑氣全消。

健行路線表

START

峰の茶屋 巴士站

▼ 步行1小時20分

白絲瀑布

▼ 步行1小時20分

龍返瀑布

▼ 步行1小時30分

三笠 巴士站

GOAL

距離：約10km
所需時間：約4小時10分
最佳旅遊季節：
5月下旬〜11月
難度：中級

輕井澤郊外

しなのじしぜんほどう

信濃路自然步道

遊覽兩座瀑布的散步路線

從峰の茶屋一路到舊三笠飯店附近，約10km的長程路線。由於下坡多，即使是健行新手也不會太過吃力。推薦遊覽白絲瀑布與龍返瀑布，沉浸在森林浴中漫步。

☎0267-42-5538（輕井澤觀光會館）
¥自由散步㉁自由散步㉓白糸の滝巴士站步行3分 Ｐ100輛（夏季為200輛）MAP
P135C2

散步小建議 洗手間位在白絲瀑布和RISING FIELD KARUIZAWA（限夏季）兩處。若擔心自己無法走完長程路線的話，就從白糸の滝巴士站啟程吧。

START!

巴士站 峰の茶屋

在此地開店超過100年的峰の茶屋，店家對面便是自然步道的入口。

步行 1小時 20分

♪ 順道過來看看！

くさかるこうつう しらいとのたきばいてん
草輕交通 白絲瀑布賣店

☎0267-46-1337 ㉿輕井澤町白絲Highland Way途中 ⊙9〜17時 ㉁無休（11月中旬〜4月中旬有臨時公休）㉓白糸の滝巴士站即到 Ｐ200輛MAP
P135C2

▲以炭火細細烤上約15分的白點鮭（1條700日圓）頗受歡迎

還有還有
北輕井澤的名瀑布

淺間高原規模最大的瀑布絕對是高達10m、寬2m的淺間大瀑布莫屬，可以走到瀑布底近距離欣賞豐沛水量傾瀉而下的模樣。

☎0279-84-2047(北輕井澤觀光協會)(MAP)P135C1

GOAL!

信濃路自然步道

龍返瀑布
激起水花直落而下的壯闊瀑布，源於過去有巨龍般的大蛇掉入瀑布深淵的傳說。有時還能在附近遇見長鬃山羊。

步行
1小時

沿河步道
白絲瀑布的泉源「湯川」沿岸的自然步道。由於這是條沿著涓流綿延的小徑，可以一面聆聽水聲慢慢前進。

步行
1小時
30分

三笠 巴士站
ばすてい みかさ
走過RISING FIELD KARUIZAWA的外圍前往目的地，沿著直路走便可抵達。

散步途中所發現的栗子

不妨到這裡走走!

新・舊輕井澤的推薦景點

📷 輕井澤新藝術博物館
かるいざわにゅーあーとみゅーじあむ

集結當代大放異彩的藝術家作品

2012年開幕的博物館，會隨季節舉辦企劃展，展示現正活躍於日本內外的當代藝術家的畫作和立體藝術品，館內還附設商店和餐廳。

DATA ☎0267-46-8691 🏠輕井沢町輕井沢1151-5 ¥入館1000日圓（可能變動）🕐10～17時(有季節性變動) 休週二(逢假日則翌日休) 🚉JR輕井澤站步行8分 🅿30輛 **MAP** P137D2

📷 脇田美術館
わきたびじゅつかん

在此欣賞獲稱"色彩音樂"的繪畫

脇田和身為現代西畫家進行創作的美術館，以花與鳥為主題的作品因其調和的色彩而被形容為「室內樂」。留存有脇田和的工作室山莊(吉村順三設計)。

DATA ☎0267-42-2639 🏠輕井沢町旧道1570-4 ¥入館1000日圓 🕐10～17時(7月15日～9月15日為～18時) 休無休(11月～6月上旬休館，有臨時休館) 🚉JR輕井澤站步行10分 🅿7輛 **MAP** P137D2

📷 輕井澤型繪染美術館
かるいざわかたえぞめびじゅつかん

以獨特的世界觀呈現日本的傳統技能

展示拜人間國寶芹澤銈介為師、並投入型版繪染超過40年的染色家小林今日子的作品。透過採用和紙製作的日式染品來表現出西洋主題的作品既繽紛又深具魅力。

DATA ☎0267-42-6064 🏠輕井沢町輕井沢1178-1233 ¥入館200日圓 🕐9～17時(最後受理為16時30分) 休僅於7月1日～11月3日開館。開放期間無休 🚉JR輕井澤站步行8分 🅿2輛 **MAP** P137D2

📷 輕井澤聯合教堂
かるいざわにおん・ちゃーち

作為休憩場所傳承至今的教堂

在明治39年(1906)由傳教士丹尼爾・諾曼所設立，建築物本身是在大正7年(1918)由俱樂部會館改建而成。不但會舉行禮拜，還會舉辦演唱會和戲劇演出，作為對外開放的教堂深受喜愛。

DATA ☎無 🏠輕井沢町輕井沢862 ¥免費參觀 🕐10～17時(禮拜、儀式時不可參觀) 休不定休 🚉舊輕井沢巴士站步行5分 🅿20輛 **MAP** P25

🍴 Atelier de Fromage 輕井沢Pizzeria
あとりえ・ど・ふろまーじゅ かるいざわぴっつぇりあ

😺OK (僅限露台)

口味香醇的起司與料理好絕配

將在淺間山麓的工廠手工製作的起司大量入菜的料理選項五花八門，能品嘗到濃醇的烤起司咖哩(大分量)1296日圓～和披薩（M分量）1512日圓～。還有生起司蛋糕486日圓等受到女性顧客喜愛的甜點也大受好評。

DATA ☎0267-42-0601 🏠輕井沢町輕井沢東22-1 🕐11時30分～15時、17～20時(有季節性變動) 休週四 🚉JR輕井澤站步行5分 🅿無 **MAP** P137D3

🍴 Pyrénées
れすとらん ぴれねー

😺OK (僅限露台)

以爐焰火炙烤的菜餚為傲

在山中小屋風格的店內，以火爐用心炙烤信州的肉類與蔬菜，除去肉的多餘脂肪，染上橡木柴火的芳香。火爐烤肉的全餐為午間2150日圓(服務費另計)～、晚間4900日圓(服務費另計)～。

DATA ☎0267-41-3339 🏠輕井沢町輕井沢1181-8 🕐12時～14時30分LO、17～22時LO 休週四(夏季無休) 🚉JR輕井澤站步行15分 🅿20輛 **MAP** P137C2

🍴 Restaurant Kaffee Kitzbühl
れすとらんあんどかふぇ きっつびゅーる

😺OK

品嘗道地德國料理享享鮮甜肉品

由曾赴當地修習的主廚推出德國菜餚的餐廳。今日午餐1800日圓是以德式漢堡排等菜色作為主菜，再附上湯品、麵包或白飯。超人氣的4種香腸拼盤為2600日圓，可配德國啤酒980日圓一起享用。

DATA ☎0267-42-1288 🏠輕井沢町輕井沢6-1 🕐8～23時LO(有季節性變動) 休無休 🚉舊輕井沢巴士站步行即到 🅿無 **MAP** P137D2

🍴 Ogosso
おごっそ

😺NG

嚴選鬥雞入菜的親子蓋飯堪稱絕品

土升於辰野縣伊那高原培育的「儀一郎鬥雞」料理。僅於午餐供應的親子蓋飯1404日圓，炙燒鬥雞與半熟蛋花醬出絕妙滋味。上等里肌炸豬排定食1782日圓(午間限定)、鬥雞壽喜燒4860日圓(2人份)也享有高人氣。

DATA ☎0267-42-6339 🏠輕井沢町長倉1999-1 🕐11時～14時30分LO、17～21時LO 休週三、第2週二 🚉JR輕井澤站搭計程車4分 🅿15輛 **MAP** P136B3

🍴 trattoria primo
とらっとりあ ぷりも

😺NG

大排長龍的人氣義式餐廳

招牌菜是以熱騰騰鐵板上窯的披薩，有鋪上莫札瑞拉起司的Espelt 1782日圓等口味，隨時備有超過10種以上可供選擇。巧克力蛋糕605日圓等甜點也十分推薦。旺季時不分午晚皆會限前200名客人入店用餐。

DATA ☎0267-42-1129 🏠輕井沢町輕井沢330-8 🕐11時30分～14時45分LO、17時～21時15分LO(不接受預約) 休不定休 🚉JR輕井澤站步行15分 🅿17輛 **MAP** P137C2

茜屋珈琲店 舊道店
あかねやこーひーてん きゅうどうてん 🐾NG

散發雅致氣息的咖啡廳

以黑色為基調的店內是專為想來悠閒放鬆的大人所打造的空間。風味濃郁的咖啡是由以炭火仔細焙煎的咖啡豆一杯杯用心沖泡而成。本店綜合咖啡800日圓、單品咖啡995日圓。蛋糕有2種口味各800日圓、牛肉咖哩飯1500日圓。

(DATA) ☎0267-42-4367 住輕井沢町輕井沢666 ⏰9～18時（夏季～20時）休無休 交舊輕井澤巴士站步行8分 P無 (MAP)P25

ぱいっぽおる
ぱいっぽおる 🐾NG

被木質特有的溫暖環抱的咖啡廳

置有挪威製燒柴火爐、小木屋形式的店內裝潢令人印象深刻。點餐後以虹吸壺沖煮的咖啡540日圓一，不妨搭配在巧克力蛋糕上添加鮮奶油的沙赫蛋糕等隨時備有3種口味的手工蛋糕一起品嘗。

(DATA) ☎0267-42-3159 住輕井沢町輕井沢197-2 ⏰9～18時（旺季時有所變動）休不定休 交聖パウロ教会前巴士站步行1分 P5輛 (MAP)P24

ciboulette
しぶれっと 🐾OK（僅限露台）

讓人暑意全消的超大碗刨冰最出名

將淺間山麓的湧泉結凍而成的天然冰製成刨冰，讓許多避暑遊客蜂擁而至。有草莓650日圓和宇治660日圓等，約20種糖漿可供選擇，襯托出入口即化的綿柔口感。加100日圓可以追加冰淇淋。

(DATA) ☎0267-42-2222 住輕井沢町輕井沢668 ⏰10～17時30分 休不定休（夏季無休，11月中旬～4月中旬公休）交舊輕井澤站步行10分 P無 (MAP)P25

腸詰屋輕井沢1号店
ちょうづめやかるいざわいちごうてん

可品嘗到滿滿肉品美味的火腿和香腸

使用德國傳統製法手工製作的加工食品深獲好評，有德式生火腿Rohschinken 100g1080日圓和House Salami 100g756日圓等約50種商品。店內還能品嘗烤香腸432日圓一。

(DATA) ☎0267-42-3791 住輕井沢町輕井沢東19-5 ⏰10～18時 休週三（7月中旬～8月無休，12月下旬～3月中旬公休）交JR輕井澤站步行5分 P4輛 (MAP)P137D3

Schokoladenburg 輕井沢チョコレート館
しょこらでんぶるぐ かるいざわちょこれーとかん

講究食材的手工巧克力

經典人氣商品是橙片巧克力3片裝1080日圓左右，以糖漿醃漬過的柑橘甜味與微苦巧克力非常對味。松露巧克力10顆裝2484日圓則是絕佳伴手禮。

(DATA) ☎0267-42-1560 住輕井沢町輕井沢4-2 ⏰10～18時 休週三（7月中旬～8月無休。冬季有公休，但情人節時期營業）交輕井沢巴士站步行3分 P無 (MAP)P137D2

LE REGALANT
る・れがらん

價格實惠的道地甜點

1979年開業的法式西點店。使用新鮮雞蛋與水果製作出約30款十分講究食材的蛋糕，分量較小，1片240日圓一。以派皮捲住的輕澤蛋糕卷1條1350日圓（如圖）很受歡迎。

(DATA) ☎0267-42-7955 住輕井沢町輕井沢1-13 ⏰10～18時（夏季為9時30分～19時）休週四（8月無休，1～3月公休）交舊輕井澤巴士站步行即到 P無 (MAP)P137D2

軽井沢CHOCOLATE FACTORY
かるいざわちょこれーとふぁくとりー

色彩斑斕的巧克力球人見人愛

店家隔壁巧克力工廠製作的輕井澤巧克力球是這裡的招牌商品，這是一種將夏威夷豆以巧克力包裹住的甜點，有蘋果和藍莓等6種口味。高人氣的綜合裝「輕井澤巧克力球MIX(M)」是1180日圓。

(DATA) ☎0267-31-6630 住輕井沢町輕井沢1323-80 ⏰10～18時（有季節性變動）休無休 交JR輕井澤站搭計程車3分 P25輛 (MAP)P136B3

作りたてジェラート L'ibisco
つくりたてじぇらーと・りびすこ

香純牛乳手工義式冰淇淋

採用小布施町的小布施牛乳及新鮮水果製成的義式冰淇淋是每天手工製作的，非常新鮮，以自然的甘甜與柔滑口感為特色。從經典款到季節限定，冰淇淋的口味可說是十分豐富。單球400日圓～、雙球500日圓～。

(DATA) ☎0267-42-9113 住輕井沢町輕井沢742-7 ⏰10時～日落 休週三（11月下旬～3月公休）交舊輕井澤巴士站步行6分 P無 (MAP)P25

column
文人雅士也曾走過 漫步輕井澤歷史之路

與曾經來此避暑的文人有所淵源的道路仍留存於輕井澤，例如曾出現在堀辰雄的小說《美麗村》中、矢崎川沿岸的「細語小徑」，以及通往室生犀星故居的「犀星之徑」等，不妨一面遙想他們的作品、一面漫步期間。

(DATA) ☎0267-42-5538（輕井澤觀光會館）⏰Ｙ休自由散步 (MAP)P136A1、137D2

能讓旅途更加充實
旅遊前須知的度假勝地歷史

在其他度假勝地找不到的輕井澤獨特魅力
除了自然環境，更有西方人推動並由輕井澤居民所催生的文化。

避暑勝地
輕井澤的開端

江戶時代以後，在越過與箱根並列為險峻之地的碓冰峠後頭的輕井澤高原上，闢有被稱為中山道淺間根越三宿（輕井澤、沓掛、追分）的驛站而繁榮一時。然而到了明治時代，街道往來的旅人逐漸減少，1862年（明治17）碓冰新道（現在的舊國道18號）開通後，舊驛站城嶺便徹底衰退，和周遭高冷地的農村地區一起變成了人口過疏的村莊。

蛻變為西式避暑勝地
進而成為平民的保護地

1886年（明治19），英國聖公會的加拿大傳教士亞歷山大·庫羅福特·蕭造訪輕井澤。A.C.蕭深受這裡的清爽氣候、美麗大自然所感動，神似故鄉景色的輕井澤令他著迷不已，於是在那年夏天前來避暑。他讚譽輕井澤是「沒有屋頂的醫院」，1888年（明治21）在輕井澤興建當地的首棟別墅。蕭的朋友們也陸續興建別墅，在1893年（明治26）也築起第一棟由日本人持有的別墅，曾是客棧的龜屋則改建成西式的萬平飯店。就這樣，輕井澤逐步展開作為避暑勝地的歷史。

A.C.蕭更於1895年（明治28）創立了輕井澤首座作為教堂使用

的禮拜堂，成為基督教傳教的據點。多位傳教士將各式各樣的西洋文化帶入本地，從麵包和果醬的製法，到適合當地土質的高麗菜和白菜等高原蔬菜的栽種方法等。1905年（明治38），木造的純西式飯店──三笠飯店竣工，吸引肩負日本近代化的許多外國人以及皇室、上流階級等人士前來，在此度過優雅時光。

晉升為日本最具代表性的
度假勝地

進入大正時期，便有箱根土地（KOKUDO）、鹿島建設、野澤組等大企業加入，開始分割土地出售，曾經是舊輕井澤中心的別墅地帶轉朝南與西邊開發。有產階級的日本避暑遊客增加，原先由外國人建立起的樸素高雅避暑勝地逐漸轉化為豪華的避暑勝地。到了昭和時期，更多的日本遊客為了追尋涼爽空氣與西洋文化的薰陶也慕名前來，舊輕井澤的商店街更是店家櫛次鱗比，而有了「輕井澤銀座」之稱，高爾夫球場、網球場、騎馬設施等也如春筍般湧現。還有室生犀星、堀辰雄等多位文人造訪，甚至買下別墅。然而在第二次世界大戰後，飯店和高級別墅遭到駐軍接收，輕井澤步入受難時期。

戰後，高度經濟成長期的休閒需求攀升，公司及學校開始來此興建宿舍，民宿也跟著出現，吸引更多人走訪輕井澤。就在此時，1958

年（昭和33），皇太子明仁親王（當時）與正田美智子在輕井澤的網球場邂逅，譜出浪漫戀曲，也因此掀起網球熱潮，讓輕井澤獲得更多注目。皇太子一家踏進中輕井澤站的光景變成了輕井澤夏季的風情畫，1970年代後半，約翰·藍儂全家每年來此度過，輕井澤成為日本最具代表性的避暑勝地。

橫越交通險地碓冰峠的輕井澤在1993年（平成5）上信越自動車道開通、1997年（平成9）長野新幹線（現在的北陸新幹線）開通，成為距離東京最近的度假勝地而廣受矚目，一流餐廳及時尚咖啡廳、美術館和紀念館、藝廊增加佈點，更出現了大型購物廣場，再加上能在大自然中享受散步、單車遊、騎馬、打高爾夫球、滑雪等運動樂趣，並且能在清新自然中以輕鬆的心情接觸藝術、享受美食、逛街購物，輕井澤持續發展成一年四季擁有多樣玩法的度假勝地。

Ａ 追分宿保有江戶時代的客棧建築　Ｂ 日本聖公會輕井澤蕭紀念禮拜堂前面的蕭半身像　Ｃ 萬平飯店的大門　Ｄ 昭和10年左右的舊輕井澤銀座(照片提供／土屋写真店)　Ｅ 舊朝吹山莊「睡鳩莊」的交誼廳　Ｆ 舊三笠飯店的內部　Ｇ 聖保羅教堂　Ｈ 約翰・藍儂與兒子西恩

重點看過來！
日本最大規模的商場
非逛不可

度假區暢貨中心的先驅
——輕井澤王子購物
廣場(☞P17·46)

重點看過來！
好想在獨棟餐廳
大口吃美食！

天才主廚帶來的精緻風味
令人陶醉。(Restaurant
Toeda☞P84)

重點看過來！
前往佇立湖畔的
藝術景點

鹽澤湖周邊有輕井澤塔
列辛(☞P42)等藝術景
點聚集。

在體驗工房製作送給自己
的伴手禮(輕井沢Glass
Gallery Arms☞P70)

藝術和美食景點散布在廣闊區域上

南輕井澤
みなみかるいざわ

來愛麗茲玩具
博物館(☞P45)
重拾童心

是這樣的地方

抵達輕井澤站南邊，首先映入眼簾的是高爾
夫球場、滑雪場以及暢貨商場。此外，這個
區域還有塔列辛、女神之森等許多綠意盎然
的藝術景點。鹽澤通沿路等地則有天才主廚
所開的獨棟餐廳和個性派咖啡廳，務必規劃
進行程。

access

●輕井澤站到鹽澤湖（輕井
澤塔列辛）
輕井澤站搭乘西武高原巴士
（町內循環巴士東、南迴）約
25分，鹽澤湖下車即到。

洽詢
☎0267-45-6050
輕井澤觀光服務處
（くつかけテラス內）
廣域MAP P138～139

～南輕井澤 快速導覽MAP～

中輕井澤站

信濃鐵道

中山道

軽井沢中学前　軽井沢高　軽井沢署　軽井沢東部小　HOTEL CYPRESS　矢崎公園

輕井澤站

南輕井澤

北陸新幹線

往追分信濃
往佐久平
往小諸

軽井沢署
鳥井原
鳥井原東

湯川ふるさと公園

6 TSURUYA輕井澤店
（☞P71・105）

離山房

軽井沢ホテル
パイプのけむり

5 Rolling Pin
（☞P53）

2 軽井沢Glass Gallery Arms
（☞P70）

輕井澤千住博
美術館

塩沢

貝內美術館

Musée le vent

塩沢湖

3 輕井澤塔列辛
（☞P42）

4 女神之森
（☞P44）

風越公園

風越公園前

軽井沢72高爾夫
球場北球道

軽井沢王子保齡球

輕井澤
王子購物廣場

軽井沢王子
大飯店西館

王子通

晴山GC

軽井沢GC

サンライズ
テニスコート

軽井沢皇家
王子大飯店

往碓冰バイパス・横川

軽井沢バイパス

南軽井沢

チサンイン軽井沢

1 南丘美術館
（☞P51）

淺間山的
廣闊美景
開闊的景觀也是南
輕井澤區獨特的樂
趣。

軽井沢72高爾夫
球場西球道

軽井沢72高爾夫
球場南球道

連同美術品
一併欣賞建築物
閑靜的別墅區也有
古民宅藏身其中的
南丘美術館。

0　　　500m
N

往碓冰軽井沢IC

觀光的提要
在車站北口租自行車
開始暢遊

南輕井澤有許多讓人想花點
間參觀的景點，但由於巡遊巴
士的班次較少，建議騎單車遊
覽。自行車租借店多位在輕井
澤站北口。

自行車推薦路線
4小時20分

與輕井澤站～輕井澤中學
前交叉路口沿路鐵軌平行
的路段，以及軽井沢バイ
パス（外環道）、王子通
等路段都設有完善的自行
車專用道，可以安心舒適
的享受單車遊。

起點	1 參觀	2 體驗	3 參觀	4 參觀	5 咖啡廳	6 購物	終點
JR・信濃鐵道 輕井澤站	南丘美術館	軽井沢Glass Gallery Arms	輕井澤塔列辛	女神之森	Rolling Pin	TSURUYA輕井澤店	JR・信濃鐵道 輕井澤站
▶自行車15分	▶自行車15分	▶自行車10分	▶自行車2分	▶自行車8分	▶自行車5分	▶自行車30分	

遊訪湖畔的藝術景點
輕井澤塔列辛

以鹽澤湖為中心，四周散布著經過移建、修復的歷史性建築。
不妨慢行於湖畔步道，用心感受藝術＆文化。

彷彿置身於歐洲避暑勝地的風景。

かるいざわたりあせん
輕井澤塔列辛

在廣布於湖畔的
藝術之森恢意散步

在威爾斯語中意指「額頭明亮」，
自然與藝術相互融合的設施。在一
片綠意中，逛逛輕井澤歷史悠久的
建築物和美術館，此外划船等休閒
活動選項也相當豐富。

☎0267-46-6161 ㊟輕井沢町大字長倉
217 ¥入園800日圓（美術館另計）🕐9～17
時（冬季有變動）㊡無休（冬季不定休。美術
館更換展品時休館，需洽詢）🚌JR輕井澤
站搭計程車10分 ᴘ180輛（1回500日圓）
ᴍᴀᴘP138B2

坐在睡鳩莊的露台
座欣賞湖畔景觀，
好好放鬆一下

重現曾有許多文人
聚集的交誼廳。以
古典家具佈置

きゅうあさぶきさんそう すいきゅうそう
舊朝吹山莊「睡鳩莊」

襯托出華麗時代的老別墅

以翻譯莎岡著作而聞名的法國文學研
究者朝吹登水子的舊別墅。這是一棟
由建築師W.M.沃立司所設計的洋
樓，象徵沙龍文化的舊時家具飾品等
都原封不動地保存下來。

展示貝內的照片和愛用物品等，建築物曾是A.雷蒙的工作室兼夏季別墅

若想遊覽景點買套票最划算！

深澤紅子野之花美術館及輕井澤高原文庫的單獨入場券各700日圓，如果打算參觀上述2館加上貝內美術館的話，買3館套票1500日圓比較划算，還內含塔列辛的入園費。

腳踏船最多可乘坐4人

ぼーと
划船

享受湖上散步樂

可以從湖中央眺望如詩如畫的美麗湖畔風景。

¥腳踏船30分1200日圓～、手划船30分700日圓

將1911年興建的舊輕井澤郵局移建過來的「明治四十四年館」內有十四行詩餐廳、深澤紅子野之花美術館

ぺいぬびじゅつかん
貝內美術館

欣賞可愛的插畫

展示以童話風格插畫而著名的雷蒙·貝內的原畫及平版畫等約60幅作品，還有以愛與和平為主軸的諷刺畫。

¥900日圓

ふかざわこうこ ののはなびじゅつかん
深澤紅子野之花美術館

花草畫療癒身心

主要展出深澤紅子持續不懈繪製的輕井澤花草水彩畫，再加上油畫和書中插畫、珍藏物品等，更重現了她的工作室。

¥700日圓

1樓是「十四行詩餐廳」，午間套餐為1300日圓

每種植物下方都有標示出花名

いんぐりっしゅろーずがーでん
英國玫瑰庭園

在玫瑰香氣環繞下的庭園散步

以英國玫瑰為主，可看見稀奇品種的玫瑰等約200種1800株花卉恣意綻放，6月中旬～7月上旬為賞花期。

周邊地區也要CHECK！

ありしまたけおべっそう「じょうげつあん」
有島武郎別墅「淨月庵」

建於大正時代的文豪老別墅

有島武郎每年夏季來此居住，最後殉情的別墅。1樓設有咖啡廳，2樓是對外開放的紀念館，留有家具用品。

MAP P138B2

かるいざわこうげんぶんこ
輕井澤高原文庫

展示多位文豪的珍貴物品

展出堀辰雄和室生犀星等與輕井澤有淵源的作家親筆原稿等。

☎0267-45-1175

¥700日圓 MAP P138B2

📖 輕井澤高原文庫內，有將一部份的堀辰雄的山莊及野上彌生子的別墅移建至此。

繪本與玩具、花草層層包圍…
女神之森

佇立於南輕井澤藝術之森內的兩座博物館，
讓旅人得以重拾童心，沉浸在「繪本」及「玩具」的世界。

同時也是通往展館路徑的Picturesque Garden

**女神之森
是這樣的地方**

靜靜佇立在1萬5000㎡森林中的「輕井澤繪本之森美術館 / Picturesque Garden」與「愛爾茲玩具博物館‧輕井澤」的總稱，花草斑斕的庭園和咖啡廳也別具魅力。

花卉行事曆

4～5月	雪鈴花
6～8月	日本耬斗菜
7～9月	桔梗
8～9月	山薄荷
8月中旬	黃花龍芽草
9月	秋明菊

保羅‧
史密斯

來自英國的園藝設計師、園藝家，以依環境量身訂做的造園工藝獲得好評而活躍於日本。

かるいざわえほんのもりびじゅつかん／ぴくちゃれすく・がーでん
輕井澤繪本之森美術館／Picturesque Garden

重拾童心
踏進歐美繪本世界

以歐美的古典繪本為主，有近、現代作家的繪本原畫利初版書、資料等約6600件館藏。繪本圖書館內可自由閱覽約1800冊圖書。也別忘了去花卉隨四季更迭盛開的庭園走走。

☎0267-48-3340 🅟輕井沢町長倉182（鹽澤‧風越公園）💴入館900日圓（5～10月）、800日圓（11～4月）※加上愛爾茲玩具博物館‧輕井澤的套票為1100日圓（5～10月）、1000日圓（11～4月）🕘9時30分～17時（12‧1月為10～16時）🈂週一（黃金週、7～9月無休，12‧1月需洽詢。更換展品期間，1月中旬～2月為冬季休館）🚉JR輕井澤站搭計程車8分 🅿200輛 🗺P138B2

第1展示館內主要介紹19世紀到現代的歐美繪本歷史，第2展示館則會舉辦企劃展

從「格林童話」、「安徒生童話」、「動物繪本」等各式各樣的切入點去介紹繪本文化

主要擺放歐美及日本繪本的繪本圖書館，其中不乏已絕版的珍藏書，務必來瞧瞧

胡桃鉗娃娃
也在這裡
等你喔！

愛爾茲之庭「口袋庭園」

位在愛爾茲玩具博物館·輕井澤設施前方的小小庭園是與Picturesque Garden採相同的設計理念打造而成的。不需付入館費即可參觀。

寬闊的主要展示室，為了讓親子能面對面欣賞展品而精心設計。
有許多參考愛爾茲地區的村民與宗教所製作的人偶

趣味商品CHECK！

造型獨特的吹煙娃娃香座（泰迪熊商人）8359日圓

藉由蠟燭熱氣來推動螺旋槳的聖誕金字塔燭台10260日圓

來這裡小憩片刻！

Café「Ruhe」

在自然風光的圍繞下，享受午茶時光或午餐。夏季推薦坐在露台座。不需付入館費即可消費。

DATA
同愛爾茲玩具博物館·輕井澤

えるつおもちゃはくぶつかん·かるいざわ

愛爾茲玩具博物館·輕井澤

**擁有300年歷史
重新發現木製玩具的魅力**

愛爾茲地區座落在德國與捷克的交界，這裡是專門展示其木工藝品的博物館，以淺顯易懂的方式展出木製玩具的歷史與意想不到的機關等，還設有可以玩歐洲知育玩具的專區。

☎0267-48-3340 住軽井沢町長倉193（鹽澤·風越公園） ¥入館600日圓 ※加上輕井澤繪本之森美術館／Picturesque Garden的套票為1100日圓（5～10月）、1000日圓（11～4月） 🕒9時30分～17時（12·1月為10～16時） 休週二（黃金週、7～9月無休、12、1月需洽詢。更換展品期間、1月中旬～2月為冬季休館） 交JR輕井澤站搭計程車8分 P200輛 MAP P138B2

位於輕井澤繪本之森美術館腹地內的「森之家」會舉辦學習講堂和活動，並舉行影片放映。

在輕井澤王子購物廣場
開心購物趣♪

輕井澤站南口是以購物商場為主的度假區，
不妨到暢貨中心享受優惠的購物樂趣，盡情玩上一整天吧。

有池塘又有草坪，能盡享度假假氣息

かるいざわ・ぷりんすしょっぴんぐぷらざ
輕井澤王子
購物廣場

全日本規模最大的
大型暢貨商場

約26萬㎡的腹地內有多達240間店鋪聚集，是日本最大規模的暢貨商場。2014年7月大幅擴大面積，首次於暢貨中心設點的店家和佲大的美食街進駐，之後也持續有新店家開幕，可享受購物和美食樂趣。

☎0267-42-5211 住輕井沢町輕井沢 ①10～19時(有季節性變動) 休不定休(http://www.karuizawa-psp.jp/tw 或透過電話洽詢) 交JR輕井澤站步行3分 P約3500輛(2小時300日圓，之後1小時100日圓。消費超過2000日圓可停3小時，超過3萬日圓則全日免費) MAP P139C1

可享受8家專賣店的風味美食

FOOD COURT ⇒P48

有拉麵和大阪燒等種類多樣的8家店鋪林立。除了室內有400席以外，還設有露台座，無論用餐或休息都能隨時來此坐坐。氛圍閒適，也推薦家族客多加利用。

往中輕井澤
往小諸 信濃鐵道
往長野
停車場入口
輕井澤
王子保齡球
草坪廣場 P1 FOOD CO
NEW WEST
TREE MALL
停車場入口 P3
WEST
往碓冰輕井沢IC
SOUVENIR COURT P2
P巴士專用

主打兒童牌的各式商店

WEST

不但有兒童服飾品牌及名店，還集結了生活雜貨商等。冰淇淋、章魚燒、鯛魚燒大人氣店家的合作商店也在裡。

將信州伴手禮一次買到手！

SOUVENIR COURT ⇒P49

果醬名店「沢屋」和醬菜專賣店「味藏」等販賣輕井澤或信州特產的8家商店齊聚在一棟建築物內，可以一次逛完全部，便於一口氣採買好伴手禮。

實用小情報

與寵物同樂

攜帶寵物的話則推薦逛TREE MALL，這裡有寵物沙龍和寵物咖啡廳、收費狗狗運動區(亦有小型犬專區)等能和愛犬同樂的設施。

帶嬰兒來也能放心

位於CENTER MALL的服務中心提供免費租用嬰兒車的服務，使用年齡為3個月～48個月，數量有限。

查詢特賣情報

商場每年會實施數次特賣會，其中以11月舉辦的「輕井澤白金折扣季」為最大活動，詳情請透過官網等確認。

※本書刊載的店家、商品為2017年2月底的資訊，請留意進駐店家及刊載商品皆有可能變動。

從東京出發的直達高速巴士

連通東京（池袋・練馬）～輕井澤的直達巴士大約1天有5班來回（單程2600日圓，所需約3小時）營運。諮詢請洽西武巴士座席中心（☎03-5910-2525）等。

信州與東京的人氣店家雲集

輕井沢 味の街

信州的人氣餐廳、和食、中式、義式等多種風味的7家店櫛次鱗比。每間店鋪的空間都十分寬敞，可以好好享用餐點。

離車站近又超級方便！

CENTER MALL

設立於距離輕井澤站最近地點的商場，有咖啡廳和飾品店、便利商店等許多能在新幹線到站前順道逛逛的店家。服務中心也在這裡。

集結戶外用品國際品牌

EAST

戶外用品和運動休閒專賣店齊聚一堂，有許多大規模的店面，能悠閒購物。還提供露營和運動用品等旅遊時可用到的商品。

國際高人氣品牌一應俱全

NEW EAST

國際選貨店、對潮流敏銳的年輕人喜愛的品牌聚集在此，也有許多是一家店便網羅男性、女性、兒童服飾的店家，情侶和家族客都能享受購物樂趣。

擁有全區數量最多的店鋪

NEW WEST

一網打盡日本內外的人氣時尚品牌及雜貨，還有眼鏡及廚房用品等專賣店可供選擇，能一次逛到多種類型的商店。

高感度時尚品牌令人目不暇給

TREE MALL

集結國外的高級名牌和選貨店的商場，其中不乏知名品牌進駐，更有寵物相關的商店和咖啡廳等多種選擇。

憧憬的名牌一字排開

GARDEN MALL

資格麗、菲拉格慕、亞曼尼等國際名牌聚集的區域。彷彿將地地園起來般的店鋪配置也散發出奢華氛圍，能感受到度假風情。

輕井澤王子購物廣場的
推薦美食&伴手禮

購物商場的樂趣可不是只有購物這麼簡單。
以下為您精選介紹高人氣的當地美食與伴手禮。

美食

信州牛的
牛腿排御膳
4644日圓

可一嘗脂肪較少、健康養生的信州牛腿排，附上沙拉、白飯（可續碗）、味噌湯、醬菜

晚上還能品嘗酒與和食師傅烹製的下酒菜

輕井沢 味の街 🐾NG
おんぞうし きよやすあん
御曹司 きよやす庵

在度假區品嘗用上大量特選牛肉的和風定食

推薦菜色是將姐妹店「御曹司 きよやす邸」的鐵板燒加以重現的牛排蓋御膳、人龍不斷的六本木店「御曹司 松六家」三吃。還能在此吃到用上大量信州牛或信州米豬等地方名產的和風定食。
☎0267-31-0048

信州鮭魚生魚片
和烤魚御膳
1944日圓

可一次吃到信州新鮮鮭魚的「生魚片」及「鹽烤」2種口味，是「佐久屋本店」引以自豪的奢華御膳

在和風摩登氛圍的店內享受信州風味美食

GARDEN MALL 🐾NG
だしとしんしゅうごはん さくやほんてん
出汁と信州ごはん 佐久屋本店

飽餐一頓後的輕盈感令人好不快活

主打「四季富饒的信州食材」×「和食最不可或缺的高湯」的餐廳，強調高湯能將信州食材原有的美味發揮到淋漓盡致，吃得到簡單又不膩口的和食。
☎0267-31-6446 🕐11~22時

奶油義大利麵
佐松露
1360日圓

在香味濃郁豐醇的白醬上頭，不計成本撒上新鮮的黑松露切片，送上桌時絕對會忍不住大聲叫好！

天花板挑高，令人彷彿置身洋樓般的時髦店內

NEW EAST 🐾OK（僅限露台）
ぷれみあむ ぽた ぱすた かふぇ りぞーと
PREMIUM POTA PASTA CAFFE RESORT

輕井澤店限定的新鮮義麵及燉飯廣受歡迎

能以實惠價格吃到正統新鮮義大利麵而在東京掀起話題的POTA PASTA以全新風格在輕井澤展店，可大啖將松露及龍蝦等高級食材入菜的新鮮義大利麵和燉飯。
☎0267-41-0785

─── FOOD COURT ───
~太陽と緑のキッチン~ 🐾OK（僅限露台）

備中手延べうどんびんむぎ的
赤淺間烏龍麵
950日圓

びんむぎ的人氣第一名！高湯的風味與辣味交織出絕妙平衡，更凸顯出烏龍麵的美味。

信州ぐるめ農場的
農場蔬菜咖哩
1080日圓

長門牧場的濃醇咖哩，透過12種蔬菜和添加五郎兵衛米的十穀米讓您吃得到健康。

※沒有註明🕐休的店家則準同輕井澤王子購物廣場（☞P46）。

善用投幣式置物櫃及宅配服務

不妨多加利用設置於各區的投幣式置物櫃（1日200日圓～）或宅配服務（收費），輕鬆愉快享受購物樂趣。

伴手禮

使用獨家美乃滋，鰹魚的濃郁及風味與大蒜十分對味，是一道很配下酒菜的逸品

水果醬 綜合水果 Ⓐ
220g 626日圓
以檸檬汁為基底，再加上西洋梨和奇異果、鳳梨等水果並摻入紅葡萄凍製成的水果醬是人氣冠軍

草莓醬 (S SIZE) Ⓒ
125g 681日圓
用上大顆的新鮮草莓並保留整顆原狀所熬煮出的沢屋招牌商品

蒙帝斯阿法 卡本內蘇維翁 Ⓑ
750mℓ 2376日圓
智利的蒙帝斯酒莊揚名四海的特級葡萄酒，散發出高雅、濃縮果實風味的成熟韻味

抹茶牛奶醬 (S SIZE) Ⓒ
130g 810日圓
抹茶的微微苦味與牛奶的香醇風味在口中擴散開來，當然是無添加

ばばドレッシング 香味蔬菜 Ⓓ
389日圓
將洋蔥、大蒜等食材均衡調配並添加寒天的淋醬

路易·侯德爾 特級香檳 Ⓑ
750mℓ 7344日圓
法國「第一香檳酒莊」路易·侯德爾的香檳，兼具清新與熟成、優雅平衡的美味

花こだま Ⓔ
各464日圓
除了以添加抹茶的餅皮裹住抹茶餡的「抹茶」之外還有「芝麻」、「蘋果」等3種口味

野澤菜醬油漬 Ⓕ
378日圓
信州特產的野澤菜淺漬，不使用防腐劑和色素，賣點在於淺漬特有的爽脆口感

寒天雜炊5色裝 Ⓓ
960日圓
呈顆粒狀的寒天熱量低又有豐富的食物纖維

完整蘋果紅茶年輪蛋糕 Ⓔ
1852日圓
將靜岡產紅茶的完整茶葉揉入餅皮，再將以糖漿醃漬過的整顆信州產富士蘋果包覆起來的人氣甜點

戶隱蕎麥麵(3人份) Ⓕ
1080日圓
採用信州戶隱產的蕎麥粉製作的講究蕎麥麵，能品嘗到香氣與順喉感

雷鳥之里(小) Ⓕ
929日圓
歐風仙貝夾奶油，由老字號品牌推出的信州經典零食，不分年齡性別一致推薦

NEWS WEST
かるいざわ・ふぁーまーずぎふと

Ⓐ Karuizawa Farmers' Gift

豐富的瓶裝食品琳瑯滿目

從配菜到甜點，這裡有滿滿的原創商品，皆使用輕井澤或信州的蔬菜水果製作而成，可以一邊試吃醬菜和配菜一面挑選的服務也讓人備感窩心。

☎0267-41-1147

CENTER MALL
わいんしょっぷ・えのてか

Ⓑ WINE SHOP ENOTECA

全球精選的葡萄酒一字排開

從日常喝的葡萄酒到高品質葡萄酒，網羅世界各地約600種的葡萄酒。瑕疵品和大量購買專區的價格較為優惠，千萬別錯過。

☎0267-41-3157

╲ SOUVENIR COURT ╱

Ⓒ 沢屋
さわや
☎0267-41-0074

Ⓔ 軽井沢 旬粋
かるいざわ しゅんすい
☎0267-41-1114

Ⓓ かんてんぱぱショップ
かんてんぱぱしょっぷ
☎0267-41-6834

Ⓕ 味蔵
あじくら
☎0267-42-8520

📖 可以在服務中心、7-11、全家、SAVE ON、GARDEN MALL的「ママのリフォーム」辦理宅配手續。

尋訪散布在綠意中的南輕井澤個性派博物館

綠意盎然的南輕井澤四處散布著融入大自然的藝術景點，
讓人得以在宛如漫步森林的心情下，沉浸在藝術世界當中。

かるいざわせんじゅひろしびじゅつかん
輕井澤千住博美術館

夢幻的瀑布世界令人陶醉

活躍於世界各地的日本畫家千住博
的個人美術館，展示從初期至近年
來40多幅作品的館內，列出以瀑布
等大自然風景為題材，以大膽又細
膩的筆觸描繪出的精彩作品。

☎0267-46-6565 住輕井沢町長倉815
¥入館1200日圓 ⏰9時30分～17時(入館
～16時30分) 休週二(黃金週開館，7～9月
無休，12月下旬～2月休館) 交JR輕井澤站
搭計程車10分 P100輛 MAP P138B1

PROFILE
千住博 (Senjyu Hiroshi)
昭和33年(1958)生於東京的日本
畫家、京都造型藝術大學教授。以
紐約為據點展開多元活動，在世界
各地舉辦個展，作品被日本國內外
的主要美術館納入館藏。

他有這些作品！

1 長3.4m×寬13.6m的鉅作「The Fall」 2 在與自然融為一體的空間欣賞作品 3 由建
築師西澤立衛設計 4 藉由燈光變換日夜的「Dayfall／Nightfall」

『Waterfall』
1996年
千住博最具代表性的主題「瀑布」系列畫
作之一，瀑布激起水花直落而下的模樣，
給人感受到壓倒性的強悍氣勢

＼ 來這裡小憩片刻 ／

『在星星落下之
夜♯7』1994年
故事描寫一隻小鹿
在星空下流連的繪
本原畫，是一通篇無
文字僅以繪畫構成
的書

※有時會視企劃展
的內容而暫不展出

ぶらんじぇあさのや
かるいざわせんじゅひろしびじゅつかんてん
BOULANGERIE ASANOYA
輕井澤千住博美術館店

位於舊輕井澤的老牌烘焙坊(詳P102)
分店，麵包搭配熟食的熟食
盤餐1300日圓十分受歡迎。
☎0267-46-0211 ⏰9～17時
(有季節性變動) 休部分週二會公
休，12月26日～2月底公休

1 西村伊作設計的英國鄉村式建築物與庭園　2 除了常設展以外,每年還會舉辦企劃展

1 被指定列入國家登錄有形文化財的「三五莊」　2 還收藏了美國畫家魏斯的作品

る ゔぁんびじゅつかん
Le vent美術館

體現藝術與教育精神的美術館

與大正10年(1921)創校的文化學院有所淵源的美術館,展示曾參與學院教育的西村伊作及謝野晶子等人的書籍和繪畫等。將創校當時的校舍加以重現的建築物也是一大看點。

☎0267-46-1911 **住**輕井沢町長倉957-10 **¥**入館800日圓 **⏰**10~17時 **休**週三(7月15日~9月15日無休、11月上旬~6月中旬休館) **交**JR輕井澤站搭計程車15分 **P**20輛 **MAP** P138A2

＼ 來這裡小憩片刻 ／

附設能眺望淺間山的咖啡廳,鹹派1000日圓

みなみがおかびじゅつかん
南丘美術館

曾是財經人士別墅的古民宅也不容錯過

從近代繪畫到陶藝等古美術,展出橫跨數個年代的作品。座落於腹地內的江戶末期富農住宅「三五莊」由實業家原田六郎從山梨縣移建至此。

☎0267-42-4884(南丘俱樂部) **住**輕井沢町輕井沢1052-73 **¥**入館700日圓(夏季含飲品1000日圓) **⏰**10~17時 **休**不定休(7月下旬~8月無休) **交**JR輕井澤站搭計程車5分 **P**30輛 **MAP** P138B1

＼ 來這裡小憩片刻 ／

位在三五莊地下室的茶房,餐點僅於夏季供應

輕井澤千住博美術館四周被多達6萬株植物花團錦簇的Color Leaf Garden所包圍。

在咖啡廳一級戰區發現的強力推薦個性派咖啡廳

咖啡文化普及的南輕井澤擁有許多個性派咖啡廳。
在此整理出各有甜點、絕景、隱密空間等特色而令人好奇的咖啡廳。

巧克力蛋糕…540日圓
附咖啡或者紅茶的蛋糕套餐為864日圓

Forest cosmos
ふぉれすとこすもす ᗩOK（僅限露台）

讓繪畫和甜點療癒身心

持續以大波斯菊為題材作畫的畫家Araki Yumi專屬的藝廊咖啡廳，店內展示約50幅繪畫，不妨在風格奇幻的畫作圍繞下品嘗特製甜點540日圓～。也推薦坐在可欣賞森林群樹風光的露台座。

☎0267-44-6540 住輕井沢町長倉193-143 ●10～17時 休不定休（需洽詢）交JR輕井澤站搭計程車12分 P10輛 MAP P138B2

重點看過來!
獨創商品
販售明信片108日圓和信封324日圓、一筆箋518日圓、便箋518日圓等各式商品

挑高而更顯開闊的空間

離山房
りざんぼう ᗩOK（僅限露台）

過去約翰・藍儂經常造訪的咖啡廳

1977年創業，曾獲約翰・藍儂全家喜愛並時常造訪，因此聞名，他們休憩過的涼亭也被保存下來。裝飾在店內的舊照片十分珍貴，令粉絲垂涎三尺。傳承至今的人氣餐點是藍莓汁800日圓。

☎0267-46-0184 住輕井沢町長倉820-96 ●10～17時（8月為9時～）休週三（有臨時公休）交JR輕井澤站搭計程車8分 P8輛 MAP P138B1

熱門的露台座有16席

香草冰淇淋…800日圓
約翰・藍儂與多位文豪也讚不絕口的頂級香草冰淇淋，佐手工藍莓醬

再介紹一道!
每日蛋糕700日圓～
照片為佐上奶油、口感軟綿的戚風蛋糕700日圓

ろーりんぐ ぴん
Rolling Pin 🐾OK

盡情品嘗水果&奶油

特色是酥脆派皮與大分量配料的美式派塔專賣店，用上蘋果及藍莓等信州產水果製作的派塔有20多種，每個季節提供8種口味。

☎0267-45-3081 住輕井澤町長倉798 時11～18時(有季節性變動) 休週三、四不定休 交JR輕井澤站搭計程車10分 P8輛 MAP P138B1

試試森村桂構思的甜點

已逝作家森村桂所開設的咖啡廳「アリスの丘」，供應健忘者的香蕉蛋糕500日圓等餐點，由她構思出的菜名也相當特別。

☎0267-42-8253 MAP P139C2

家具是來自英國的古董

再介紹一道!
香蕉奶油派
460日圓
香蕉塞滿整個甜派，很有飽足感，不會過甜，無論大人小孩都會愛上的滋味

巧克力派…
460日圓
讓人一吃上癮的濃醇巧克力風味經典甜派

ふりこさぼう
ふりこ茶房 🐾NG

林木環抱的咖啡廳

由小木屋風格的木質溫度所圍繞的咖啡廳，夏天會將大窗戶卸下，變成可感受涼爽微風吹拂的空間。3～4種口味的自製蛋糕皆為甜度適中的溫和口味，可搭配深煎咖啡500日圓品嘗一番。

☎0267-48-0550 住輕井澤町發地848-2 時10～17時30分LO(冬季為11～17時) 休週四(8月無休、1月中旬～3月中旬公休) 交馬取巴士站步行5分 P10輛 MAP P138B3

店內還展示了老闆的工藝作品

てぃーさろん かるいざわのめい
Tea Salon 軽井沢の芽衣 🐾OK(僅限露台)

彷彿會有妖精出沒的林中獨棟咖啡廳

與作家內田康夫、早坂真紀夫妻有段淵源的茶沙龍。可以一邊品味網羅10多種口味的整壺紅茶770日圓與甜點，坐在能一望天然林的寬敞露台座盡情放鬆。

☎0267-48-3838 住輕井澤町発地1293-10 時10～17時 休週二、三(夏季無休，11月僅於週六日、假日營業、12～3月公休) 交JR輕井澤站搭計程車10分 P10輛 MAP P138B2

輕井澤
司康套餐
…1130日圓
本店引以為傲的手工司康有著淡淡香氣與酥脆口感

卡士達奶油
佐西洋梨
…1000日圓
濃郁的卡士達醬加上西洋梨散發出的微微酸甜，附咖啡

還能聆聽野鳥鳴唱的露台座

在Tea Salon 軽井沢の芽衣，內田康夫推薦的乾咖哩是高人氣隱藏菜色。

南輕井澤 ● 強力推薦個性派咖啡廳

53

輕井澤賞花曆
隨四季更迭的花草恣意綻放

輕井澤高原周邊孕育出形形色色的植物，
不妨在五彩繽紛的花草療癒下享受一趟大自然中的漫步。

1 香氣芬馥的玫瑰雲集的區域「香氛玫瑰小徑」 2 多達160種、600株玫瑰盛開的區域 3 遊覽潺水的庭園步道，享受豐沛群落生境療癒身心的時光

賞花景點

南輕井澤
かるいざわれいくがーでん
輕井澤湖畔花園

廣布湖畔的自然庭園

以湖中的島為中心，由8大區域構成約33,000㎡大的自然庭園，園內有約400種英國玫瑰和古典玫瑰、宿根草花、香草等百花綻放。玫瑰花季在6月中旬～7月中旬。

☎0267-48-1608 ኌ輕井沢レイクニュータウン ᖴ入園800日圓(秋季)～1500日圓(賞玫瑰旺季) ᑯ9～17時(有時期上的變動。關園前的30分鐘停止入場，週三則會提早1小時關園) ᑊ無休(11月上旬～4月下旬休園) ᑯJR輕井澤站搭計程車10分 ᑭ250輛 ᑯP139C3

以石造大門作為入口

湖畔花園的花卉

英國玫瑰

開花時期
6～7月

由英國育種家所培育出的玫瑰花種，色彩和形狀皆五花八門，至今仍持續研發出許多新品種

秋明菊

開花時期
10～11月

秋季的花朵，是遠古時代從中國引進後野生而成。雖然日文名中有菊字，但實為銀蓮花屬

鐵線蓮

開花時期
5～6月

有著大片花瓣的鐵線蓮又有「蔓性植物的女王」之稱，與玫瑰一同妝點整座庭園

※花期視該年的天候狀況會有所差異。

原生風景一望無際的自然庭園

輕井澤繪本之森美術館(☞P44)內的Picturesque Garden一方面活用自然生長於腹地內的植物,一方面栽種了適合輕井澤風土環境的植物,是一座令人宛如置身於輕井澤原始風景的庭園。

湖畔花園的設施

Garden Cafe Foglia

在能將玫瑰庭園盡收眼底的咖啡廳,可以品嘗到鬆餅和玫瑰果醬茶等餐點。週二公休,有冬季公休。

▶玫瑰香氣會在口中擴散開來的玫瑰糖 500日圓

▼店家獨創的玫瑰杏仁蛋白餅1個210日圓

Mary Rose

販售以玫瑰花為設計概念的雜貨、正規的園藝用品等,是湖畔花園的直營店。開園期間無休。

1雖然園景不算華麗,但能好好認識輕井澤的自然環境 **2**6月中～下旬盛開的山椒薔薇 **3**8月步入賞花期的水亞木

賞花景點

南輕井澤
かるいざわまちしょくぶつえん

輕井澤町植物園

活用溼地與傾斜地來栽種

以自然生長於輕井澤高原上的植物為主,栽種約150科、1600種的樹木及花草。空間配置上讓遊客能比較類似植物,在約2萬㎡的占地內更鋪設了觀察步道。

☎0267-48-3337 ㉻輕井沢町発地1166 ¥入園100日圓 ⏰9～17時(入園～16時30分) ㉻無休(12月26日～3月31日公休) ㊝JR輕井澤站搭計程車15分 Ⓟ30輛 ⓂⒶⓅP138B2

植物園入口的大門

重點看過來！

高原教堂的始祖
歡迎你來參觀～

因週日禮拜和季節性活動
而深受歡迎的輕井澤高原
教堂（☞P62）

重點看過來！

在豐沛大自然的
環繞下悠閒泡湯～♨

在輕井沢千ヶ滝温泉（☞P
69）享受能飽覽隨四季變
化的大自然的泡湯樂。

重點看過來！

高人氣的榆樹街小鎮
購物&美食巡禮

林木環繞、時髦店家林立
的榆樹街小鎮（☞P58）

在富饒大自然中深度感受美術館和教堂的魅力

中輕井澤

なかかるいざわ

來野鳥之森
（☞P64）能邂
逅許多動植物

是這樣的地方

淺間山麓卜廣布有輕井澤野鳥之森、十瀧瀑
布等富饒的自然景觀，還有不用住宿也能泡
湯的天然溫泉。可以參觀獨具特色的美術館
和教堂、走訪講究的小店等，是一處最適合
放慢腳步觀光的區域。與大自然融為一體的
逛街&美食景點──榆樹街小鎮儼然成為新
觀光名勝。

a c c e s s

●往星野度假區
利用信濃鐵道5分，中輕井
澤站下車。步行至星野度假
區20分，或者搭乘西武高原
巴士4分，於星野温泉トンボ
の湯巴士站下車。

洽詢
☎0267-42-5538
輕井澤觀光會館
☎0267-45-6050
輕井澤觀光服務處
（くつかけテラス內）
廣域MAP P141

～中輕井澤 快速導覽MAP～

往北輕井澤
千ヶ滝郵局〒

146

N
0　　　400m

長住型溫泉旅館
座落山谷聚落
踏入有別於日常的
空間，虹夕諾雅 輕
井澤（☞P108）令人
忘卻時光流逝。

佇立於深遠林中的
SEZON現代美術館
庭園也有雕刻作品，
現代藝術的愛好者
必遊。（☞P63）

SEZON現代
美術館
軽井沢
千ヶ滝温泉

Ŷ千ヶ滝温泉入口

塩壺温泉

5 輕井澤野鳥之森
（☞P64）

虹夕諾雅 輕井澤

星野温泉トンボの湯

6 星野溫泉 蜻蜓之湯
（☞P68）

輕井澤高原教堂
（☞P62）

1

4 榆樹街小鎮
（☞P58）

田崎美術館

Hotel Bleston
Court The Lounge
（☞P66）

3

2 石之教會 內村鑑三紀念堂
（☞P62）

主推美食的
美食飯店
館內各餐廳的風味皆
獲好評，Hotel Bleston
Court（☞P111）

ロイヤルプリンス通り

聖パウロ幼稚園

長倉公園

軽井沢町役場

觀光的提要
搭上從輕井澤站出發的免費巴士
前往熱門觀光區域

欲往星野度假區（星野溫泉 蜻蜓之
湯、Hotel Bleston Court）搭乘從輕
井澤站南口出發的免費接駁巴士最
方便，1天5~7班。

長倉カフェ

18

中輕井澤站

軽井沢中

往輕井澤站

中山道

信濃鉄道

軽井沢
中部小

ゆうすげ温泉

往信濃追分

往信濃追分站

軽井沢
中部小

軽井沢町歴史
民俗資料館

北陸新幹線

57

在坐擁大自然的榆樹街小鎮
享受午餐&咖啡時光

茂密榆樹環抱、沿著湯川而建的小小城鎮——榆樹街小鎮，
就讓我們在這片與大自然融為一體的空間大啖信州美食吧。

在綠意中
放鬆心情
享受吧！

可以往下走到沿著建築
物順流而下的河川河畔

はるにれてらす
榆樹街小鎮
自然與文化相互調和的小鎮

與自然共存的沿河城鎮「榆樹街小鎮」集結了15
家魅力洋溢的店鋪，可以在餐廳或咖啡廳吃吃美
食、四處逛逛雜貨鋪開心一下。
☎0267-45-5853 (住)輕井沢町星野 (交)JR輕井澤站南口有
免費接駁巴士 (P)200輛(特定日期會收費) (MAP)P141D2

▼將當令食材入菜的義大利麵1728日圓～

好好吃！

義大利菜
🐾OK (僅限露台)
いる・そーにょ
il sogno
早晨現採蔬菜的義式餐廳

吃得到滿滿蔬菜的義式料理。義大利麵
或以石窯烘烤的披薩配上沙拉、麵包等
的午間套餐為1814日圓～。
☎0267-31-0031 ⏰11～21時LO(有季節性
變動) 休無休(有臨時公休)

▲招牌的義大利
麵搭配炙烤高原
高麗菜410日圓

再來
一道！

▼往中輕井澤站

BAKERY & RESTAURANT SAWAMUR
CERCLE
和泉屋 傳兵衛
Gallery樹環 ◉NATUR
希須林◉
NAGAI FARM

▲可以2～3人分享的
本店風味香蒜鰻魚溫
沾醬2786日圓

烘焙坊&餐廳
🐾OK (僅限露台)
べーかりーあんどれすとらんさわむら
BAKERY & RESTAURANT
SAWAMURA
剛出爐的麵包香氣四溢

於店內烘烤出爐的熟成酵母
麵包琳瑯滿目，可以自選多道
配合季節選用當季食材的午
餐1836日圓～會附上可無限
續點的麵包及沙拉。
☎0267-31-0144 ⏰烘焙坊為7～
21時，餐廳為11～21時LO(有季
節性變動) 休無休

咖啡廳&書店

😺OK（僅限露台）

まるやまこーひー

丸山珈琲

一手咖啡一手書

網羅超過20種精品咖啡豆596日圓～的書店咖啡廳，以獨到技術焙煎直接向國外農園採買來的咖啡豆。店內的書籍可以自由閱覽。

☎0267-31-0553 ⏱8～20時(有季節性變動) 🈲無休(有臨時公休)

▶還有供應蛋糕卷480日圓等各種蛋糕和麵包

特調！

林蔭下十分涼爽的湯川沿岸步道

從榆樹街小鎮延伸到星野溫泉蜻蜓之湯(☞P68)的湯川沿岸步道。由於四周樹木林立，即便夏天也非常涼爽，適合在逛街途中來趟小散步。

¥・⏱自由散步 MAPP141D2

好酥脆！

◀附上炸蝦與季節蔬菜等綜合天麩羅的天麩羅蒸籠蕎麥麵2095日圓

蕎麥麵

😺OK（僅限露台）

せきれいばし かわかみあん

せきれい橋 川上庵

坐在露台聆聽潺潺流水聲

可以品嘗將頂級的蕎麥籽以石臼搗製而香氣濃郁的蕎麥麵。除了有使用信州特產核桃製作的核桃醬蒸籠蕎麥麵1296日圓外，當地酒和單品料理選項也相當豐富。

☎0267-31-0266 ⏱11～21時LO(有季節性變動) 🈲無休

地圖

国道146号　往北輕井澤方向 ▶

il sogno
Sajilo Cafe
丸山珈琲　我蘭憧
ココベリ
常世 tocoyo　bedfitter軽井沢
せきれい橋 川上庵

往蜻蜓
往星野溫泉之湯溫泉

湯川

義式冰淇淋

😺OK（僅限露台）

ながいふぁーむ

NAGAI FARM

新鮮牛奶製作的義式冰淇淋

永井農場位於淺間山麓的直營店。能夠直接品嘗農場牛乳風味的香純牛奶口味最受歡迎，還有使用當季蔬菜及水果製作的季節限定口味亮相。

☎0267-31-0082 ⏱10～18時(有季節性變動) 🈲無休(有臨時公休)

◀濃醇芝麻風味的麻辣湯頭，希須林擔擔麵1380日圓

中式家常菜

🐾NG

きすりん

希須林

發揮食材美味的中式家常菜肴

用上大量蔬菜並盡可能少用化學調味料和油，供應口味溫和的中式家常菜，可以在此品嘗高人氣的擔擔麵、古早味的糖醋豬肉和麻婆豆腐。

☎0267-31-0411 ⏱11～21時LO(有季節性變動) 🈲無休(有冬季臨時公休)

大力推薦！

◀單球400日圓、雙球500日圓。濃味抹茶×南瓜(前)

中輕井澤 在榆樹街小鎮享受午餐&咖啡時光

📖肚子有點餓時也推薦外帶輕食或飲品，坐在河畔的長椅上享用。

來榆樹街小鎮的商店尋找迷人的伴手禮

從獨一無二的藝術作品到北歐雜貨、甜點⋯⋯等，就來這裡尋找大放異彩的輕井澤特色伴手禮吧。

▲熱門商品有時會售完，欲購從速，以免向隅

なちゅーる
NATUR
品味優異的雜貨五花八門

以設計師之姿大為活躍的老闆夫妻所經營的選貨店，以兼具機能性與精巧設計的商品居多，還有販售50年代的古董家具和餐具等。

☎0267-31-0737 ⏰10～18時（有季節性變動）休無休（有臨時公休）

◀散發出自然木質溫潤感的木製餐具各900日圓以及蛋糕切取器（中央2600日圓）

藝廊
ぎゃらりーじゅかん
Gallery樹環
絕無僅有的藝術作品琳瑯滿目

展銷木工和玻璃製品、皮製品等各式各樣類型的藝術家作品，因應使用者的要求與工匠合作推出的獨創商品也不可錯過。

☎0267-31-0023 ⏰10～18時（有季節性變動）休無休（有臨時公休）

◀造型可愛的綿綿珠飾品2500日圓～

▲「水手的情書」迷你貝殼工藝品1個1800日圓

▼從小東西到家具和布料等，商品種類多元

寢具
べっどふぃったーかるいざわ
bedfitter 輕井沢
以天然素材打造舒適睡眠

從能夠打造優質睡眠的床鋪到寢具、居家環境的用品等皆有販售，提供能順應各種體型的床墊和枕頭、獲BIO認證的美妝品等多款商品。拱形枕頭29160日圓、專用枕套9180日圓～。

☎0267-41-6057 ⏰10～18時（有季節性變動）休無休（有臨時公休）

▶店內擺滿了講究天然素材的商品

▲用餐的價位在1620日圓～

▶多樣化的辛香料

餐廳／咖啡廳／食材
さじろ かふぇ
Sajilo Cafe
2017年7月上旬開幕
提出辛香料與香草佐料的生活主張

吃得到以咖哩為主的辛香料菜餚的餐廳。提出能讓餐桌更顯豐盛繽紛的辛香料吃法，除了有香料和香草的秤重計價外，也有販售用於餐廳的杯盤和餐具、桌巾等用品。

☎0267-42-5541 ⏰11～22時LO※有季節性差異 休無休（有臨時公休）

還有還有 榆樹街小鎮的 推薦店家

常世tocoyo(☎0267-31-0987)
是泰式古法按摩店,有60分鐘
8640日圓、腳底按摩30分鐘4320
日圓等療程,可藉由融入瑜伽元素
的精神治療按摩來療癒身心。

木製品

がらんどう
我蘭憧

質地溫潤的木製品一字排開

從生活雜貨到廚房用品,商品一應俱全的木製品專賣店,有來自歐洲的手工木頭玩具等,光是欣賞也相當有趣。也提供下單訂製的服務。

☎0267-31-0036 ⏰10～18時(有季節性變動) 休無休(有臨時公休)

▼手工雕刻的動物擺飾3132日圓～,種類多樣

◀以榆樹的樹葉為造型的木製杯墊1296日圓～

▼散發木質溫潤的商品最適合作為伴手禮

▲熟食和葡萄酒(單杯餐桌費500日圓)可以內用

◀在輕井澤採集的楓糖漿,添加萃取物1080日圓

▶長野縣產的100%純果汁350ml 980日圓

餐廳
熟食・葡萄酒

せるくる
CERCLE 🐾OK (僅限露台)

辛香料及葡萄酒是送禮首選

網羅採用信州產食材烹製的法式熟食和約300種的葡萄酒,不但售有果醬,以送禮為目的所精選出的商品選擇也相當豐富,還附設餐廳。

☎0267-31-0361 ⏰10～21時LO(有季節性變動) 休無休(有臨時公休)

糕餅店

いずみや でんべえ
和泉屋 傳兵衛

使用信州產食材的和風與西式甜點

佐久的老牌和菓子店在此展店,集結了使用花豆及蘋果、核桃等信州食材製作的糕餅,推出不侷限於和風與西式風味的新形態甜點。

☎0267-31-0811 ⏰10～18時(有季節性變動) 休無休(有臨時公休)

▶包入花豆鹿之子涼糕的花豆羊羹1條566日圓

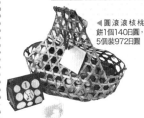

◀圓滾滾核桃餅1個140日圓,5個裝972日圓

▶從自有品牌商品到精選商品,店內滿是來自信州的好滋味

食品

ここぺり
ココペリ

信州食品的選貨店

將自家農園的新鮮蔬菜和自製果醬及調味料、信州特產品等食材一網打盡,發揮食材原始風味的本店自製冰沙540日圓也很受歡迎。

☎0267-46-4355 ⏰10～18時(有季節性變動) 休無休(有臨時公休)

 榆樹街小鎮在11月下旬～12月25日會搖身一變為燈火輝煌的街道,還會販售聖誕節商品等。

在寂靜氛圍籠罩的
教堂&美術館修養感性

若想遠離城市的喧囂、享受閑靜假期的話就前往中輕井澤，
尋訪悄悄座落在自然風光中的教堂和美術館。

巨大的三角屋頂令人印象深刻，教堂前有一大片中庭，四周是美麗大自然風光

かるいざわこうげんきょうかい
輕井澤高原教堂

週日13時30分～的福音禮拜可以自由參加

大正時代設立的歷史悠久教堂

大正10年（1921）因北原白秋、島崎藤村等多位文化人士聚集的「藝術自由教育講習會」為原點而生。「對外開放的教會精神」傳承至今，週日的福音禮拜和季節性活動總會吸引許多人造訪。

☎0267-45-3333 🏠輕井沢町星野 ¥免費參觀 🕐9～18時（儀式時不可參觀）無休 🚃JR輕井澤站有免費接駁巴士 P160輛 MAP P141D2

全年活動CHECK！

1月	新年禮拜
2月	獻愛日
3月	復活節
5月	父母日
8月	夏季燭火夜
9月	牽絆日
10月	秋戀散步
12月	聖誕節

8月

いしのきょうかい うちむらかんぞうきねんどう
石之教會
內村鑑三紀念堂

層層拱門堆疊出莊嚴空間

明治、大正時代的基督教指導人內村鑑三基於「人自然中有祈禱場域」之理念，找來坎卓克·凱洛格設計而成，將自然界中的石、光、綠、水、木等元素加以融入。

☎0267-45-2288 🏠輕井沢町星野 ¥免費參觀 🕐9～18時（儀式時不可參觀）無休 🚃JR輕井澤站有免費接駁巴士 P160輛 MAP P141D2

 資料展示室 CHECK！

教堂的地下室設有內村鑑三的資料展示室，公開展出他的親筆信和書籍、照片等

順應地形而建的構造，設計為彷彿與自然融為一體的型態

石頭象徵強健的男性，玻璃代表細膩的女性，拱門的軌跡則呈現出兩人的人生。教堂內部是有水流過的莊嚴空間

田崎美術館也很有看頭

有山岳畫家之美譽並受封文化勳章的西畫家田崎廣助的美術館，獲頒日本建築學會獎的建築物本身也相當吸睛，只光顧咖啡廳也沒問題。
☎0267-45-1186 **MAP** P141C2

かるいざわげんだいびじゅつかん
輕井澤現代美術館

內設藝廊的博物館

由東京神田神保町的海ま藝廊經營，以「越洋畫家」為主軸，展出草間彌生、奈良美智、村上隆等在國外獲得好評的藝術家之作。可以在2樓藝廊購買藝術品。

☎0267-31-5141 住輕井沢町長倉2052-2 ¥入館1000日圓（附飲品及佐茶點心）⏰10～17時 休4月下旬～11月下旬的週二、三（黃金週、夏季無休，11月下旬～4月中旬休館）交図書館前巴士站步行5分 P20輛 **MAP** P141D3

鑑賞後在咖啡區會供應茶飲服務，不妨來閱覽圖書館的書冊等，放鬆一下

作品名單
草間彌生「南瓜」
奈良美智
「デコテールちゃん」

\ 商品CHECK！/

▲特製托特包3900日圓　▲美術館特製燕子筆記本300日圓

1樓展示室深度約50m，2樓展示室則會舉辦風格多元的藝術家企劃展

作品名單
荒川修作「意義的結構」
安迪·沃荷
「肖像（毛澤東）」

展示空間。館內還有咖啡廳cafe.ヤマアラシ，可以在書本圍繞的環境下品嘗有機咖哩

庭園CHECK！

記得來雕刻作品散布四處的庭園走走

新館藏名錄
2571日圓

せぞんげんだいびじゅつかん
SEZON現代美術館

廣布於森林中的現代藝術空間

展示20世紀初期以後的現代美術作品，有康丁斯基、安迪·沃荷等大師的作品，二戰後的日本代表性藝術家的收藏也十分出色。

☎0267-46-2020 住輕井沢町長倉芹ヶ沢2140 ¥入館1500日圓 ⏰10～18時（11月～17時）休週四（逢假日則開館。8月無休，更換展覽時公休，11月下旬～4月中旬休館）交千ヶ滝溫泉入口巴士站步行7分 P30輛 **MAP** P141C1

SEZON現代美術館的庭園步行1圈約需15分鐘，庭園綠意中還展示了野口勇的雕刻作品等。

和森林生物導覽員
漫步輕井澤野鳥之森

野生生物棲息的自然世界——輕井澤野鳥之森，
讓我們一起在生物專家團體Picchio的帶領走進大自然探險吧！

輕井澤野鳥之森是這樣的地方

總面積達100萬m²的輕井澤野鳥之森位處海拔950～1100m高，在昭和49年（1974）列入國設野鳥之森。全年約可看見80種野鳥隨四季更迭的植物自然生長於此。 MAP P141D1

閣葉樹茂密生長的森林中是一路平緩的坡道

野鳥之森
自然生態觀察團

必跟導覽就選它！

專任導覽員會花上2小時帶您踏入棲息於野鳥之森的眾多生物所在的奇妙世界。小朋友到銀髮族都能玩得盡興，將會重新發現大自然的魅力。

舉辦日：全年
費用：成人2100日圓、4歲～小學生1000日圓
時間：10時出發～12時（每天）、13時30分出發～15時30分（4～11月的每天） 適合年齡：4歲～
人數：1位導覽帶隊約20位 預約：必須（若出團人數未達上限可在出發30分鐘前於現場報名）

START

1 從遊客中心出發！

先在池畔邊的Picchio遊客中心集合，在熟悉森林動植物的Picchio工作人員帶領下步入森林中。觀察路線會視當天森林的狀況與參加者的要求而定。

專任導覽員的工具，望遠鏡（300日圓）及野鳥圖鑑可供租借

位在水邊的遊客中心還有附設咖啡廳

ぴっきお
Picchio

可以來這裡體驗

來野鳥之森與大自然同樂

以輕井澤為據點，進行野生動物的調查和保全活動的森林生物專家團體，會舉辦多種能和大自然同樂的生態導覽。

☎0267-45-7777 輕井沢町星野
9時30分～17時（會因季節、活動而有變動） 無休（需洽詢） 星野温泉トンボの湯巴士站步行1分（JR輕井澤站南口有免費接駁巴士） 200輛 MAP P141D2

還有還有！ 熱門導覽

飛天鼯鼠觀察團

夜間的超人氣導覽，可觀察日落時會在森林出沒的白頰鼯鼠的動態，有極高機率能看到也是一大賣點。

舉辦日：3月中旬～11月
費用：成人3300日圓、小學生2500日圓、幼兒免費 所需時間：1小時30分（出發時刻因日而異，請上官網確認） 適合年齡：4歲～
人數：依舉辦日而異 預約：最晚需於出發1小時30分鐘前預約

爽快！
山地單車遊

騎著登山車飛馳於溪流沿岸的林道上，以龍返瀑布為目的地。單程約4km，還有茶點休息時間。

舉辦日：4～7月／9～11月
費用：成人7000日圓 時間：13～16時
適合年齡：成人 人數：6位 預約：最晚需於當天11時30分前預約

每到春天便會現身的白腹琉璃，聲音和外形都很迷人

新形態戶外活動「營火咖啡」

向Picchio的工作人員學習如何生火，挑戰製作營火甜點，可以嘗試烤棉花糖、烤蘋果。詳情請洽Picchio。
☎0267-45-7777 **MAP** P141D2

② 尋找棲息於森林中的生物

森林裡有許多生物在此棲息的證據，有時還會看見自然掉落地面的果實上有白頰鼯鼠的齒痕。拿望遠鏡朝發出聲響的方向看去還會看見野鳥！

朝蓊鬱茂盛的林中邁進

白頰山雀叼著築巢用的羽毛

③ 側耳傾聽野鳥的鳴叫聲

冬季～5月中旬是賞鳥的最佳季節，尤其在春天能遇見色彩鮮豔的野鳥。

④ 在橡實池觀察水生生物

有榆樹環繞四周、水深約1m的橡實池是野鳥之森的綠洲，池中有蝌蚪和蜻蜓的幼蟲水蠆等水生生物在此棲息。

從山谷引流地下水而成的小池塘"橡實池"

GOAL

⑤ 導覽結束！

在森林中發現許多橡實和形狀奇妙的樹葉，回到遊客中心查閱圖鑑，說不定會有更多新發現。

五彩斑斕的樹葉和果實，有不少前所未見的收穫

山腳下原野廣布的淺間山景觀也非常壯麗

右側直書：
中輕井澤 ● 和導覽員漫步輕井澤野鳥之森

可在森林遇見的生物圖鑑

黃眉黃鶲
4月下旬～5月

猩紅蜻蜓
7～8月

日本松鼠
全年
(8月下旬～2月更易觀察到)

長鬃山羊
(偶爾可見)

地圖標示：
往北輕井澤・萬座・草津
小瀨林道
湯川
千ヶ滝通り
塩壺上
中西悟堂歌碑與謝野夫妻的歌碑
能爾沼澤
黃眉黃鶲廣場
草地
146
野鳥之森入口
白頰鼯鼠之森
廣場
大斑啄木鳥休憩所
トンボの湯
Picchio遊客中心
橡實池
星野溫泉 蜻蜓之湯
姥蛄池
村民食堂
Café HUNGRY SPOT
北原白秋文學碑
榆樹街小鎮
輕井澤高原教堂
Hotel Bleston Court
The Lounge
湯川
往中輕井澤站
N
200m
所需時間為約略

10分 / 25分 / 16分 / 6分 / 20分 / 20分 / 3分 / 10分

專為充滿好奇心的孩童所設計的自然體驗企劃Picchio兒童冒險俱樂部也很受歡迎，適合年齡為小學生。

為您帶來愜意好時光
森林中的講究咖啡廳

想在綠意正濃的中輕井澤享受休憩時光
就前往能讓身心喘口氣的舒適咖啡廳。

＋
下午茶
3780日圓（服務費另計）

有鹹派、季節甜點、小茶點等層層堆疊的套餐，12~18時限定數量推出（需預約）

這一道
也很推薦！
使用當季水果
的蛋糕（示例）

＋
香檳芭芭露
1500日圓～（飲品套餐）

香檳的香氣格外顯著的成熟韻味，搭配咖啡也十分對味

這一道
也很推薦！
大納言紅豆與
巧克力的蛋糕
（季節限定）

かるいざわほてるぶれすとんこーと ざ・らうんじ
😺OK（僅限露台）
Hotel Bleston Court The Lounge

品嘗頂級甜點度過奢華時光

輕井澤最具代表性的美食飯店中的酒廊，能欣賞美麗中庭的立地也獨具魅力。使用當令水果等食材的飯店自製甜點連外觀也相當華麗。

☎0267-46-6200(Hotel Bleston Court)　🏠輕井澤町星野　🕙10~19時30分LO（有季節性變動）　🈳無休　🚃JR輕井澤站搭乘免費接駁巴士15分　🅿160輛　MAP P141D2

1序假區特有的甜點全餐3品
也廣受好評

ながくらかふぇ
😿NG
長倉カフェ

適合大人品味的甜點與氛圍

講究食材的手工法式甜點深獲好評，以古董家具佈置的店內有著彷彿置身別墅的沈穩氛圍。熱飲會以麥森瓷器的杯組供應。

☎0267-46-0840　🏠輕井沢町長倉　🕙12時~17時30分LO（蛋糕售完打烊）　🈳週一～五（逢假日及盂蘭盆節則營業）　🚃信濃鐵道中輕井澤站步行12分　🅿5輛　MAP P141C2

1店內備有18席，露台座則有12席　2外觀雅致的獨棟建築

也別錯過
兼販售雜貨的咖啡廳

簡單又時尚的咖啡廳Coffee House Shaker有販賣老闆精選的雜貨、店內所使用的餐具等。店內的陳設方式也可作為居家擺設的參考。

✣
戚風蛋糕
500日圓

將蛋糕做成綿柔口感的手工蛋糕，附上鮮奶油讓美味加分

這一道
也很推薦！
有著濃濃香蕉風味的香蕉蛋糕400日圓

✣
蘋果派
500日圓

用上大量的信州產蘋果，蘋果恰到好處的酸甜與冰淇淋的甜味形成絕配

這一道
也很推薦！
風味醇厚的單品咖啡600日圓

こーひー はうす しぇーかー
Coffee House Shaker 🐾OK（僅限露台）

環境舒適度超一流的空間

以店家自有風格的家具統一店內風格，深受當地人喜愛的咖啡廳。除了供應自製甜點，也提供滿滿蔬菜的雞肉咖哩1200日圓等正餐菜色，不妨來此悠閒享受一番。

☎0267-45-0573 🏠輕井沢町長倉3460-16 🕐10~18時（冬季~17時30分）休週三（7月下旬~8月無休）🚋JR輕井澤站搭計程車10分 🅿4輛 MAP P141C3

1時髦的外觀 2內部裝潢採早期美式風格

れい こーひー はうす
Ray coffee house 🐾OK（僅限露台）

佇立在森林中的隱密咖啡廳

不但有講究的綜合咖啡500日圓，還能品嘗巴拿馬或巴西出產、香氣濃郁的咖啡。以吧台座為中心，獨自一人也能隨興光顧的沉著氛圍別具魅力，可眺望庭園度過閒暇時光。

☎0267-31-5031 🏠輕井澤町長倉2141-431 🕐11~17時30分 休週四（12月為週四、五休，1、2月公休）🚋JR輕井澤站搭計程車12分 🅿4輛 MAP P141C2

1靠窗的吧台座十分搶手 2庭園時常有野鳥和松鼠出沒

📖 夏季時，往千瀧方向北上的國道146號有時會塞車，可改走並行的皇家王子通（ロイヤルプリンス通り）。

在不住宿也能泡湯的天然溫泉
洗去一整天的疲勞

高原度假區輕井澤也有能夠隨興造訪的泡湯設施。
走完觀光和逛街行程後，不妨好好泡個溫泉。

能欣賞四季變化景致的露天
溫泉，泉水可飲用

ほしのおんせん とんぼのゆ
星野溫泉 蜻蜓之湯

大文豪也曾來泡過的名湯

大正4年（1915）開業，從前北原白
秋與謝野晶子也經常造訪的歷史
悠久溫泉，因泉質濃稠滑潤而以
「美肌之湯」著稱，曾經是旅人泡
完草津溫泉後前來做收尾的溫泉。
可以在以大片玻璃窗展現開闊感的
室內溫泉泡湯、或是到擁有美景的
露天溫泉享受流動式天然湧泉。

☎0267-44-3580　軽井沢町星野
⏰10〜22時受理　休無休　⊠輕井澤站搭免
費接駁巴士20分（黃金週、8月是從中輕井
澤站上下車）P200輛　泉質：碳酸氫鈉
泉、氯化物泉　MAP P141D2

販售擦手巾
700日圓，獨
創的蜻蜓圖案
非常可愛

重點看過來！

5月有菖蒲湯、10〜11月有蘋
果湯、12月有柚子湯等期間限
定的季節溫泉可以享受。

100%純蠶絲
的蠶繭球5個
裝500日圓

純泡湯費用

泡湯1300日圓（黃金週、夏季
為特別費用）

+ 露天溫泉 2　　　+ 包租浴池 無
+ 室內溫泉 2
+ 休息室 ◯　　　+ 餐廳 ◯
+ 洗髮精 ◯
+ 香皂／沐浴乳 ◯
+ 洗臉巾 販賣 200日圓
+ 大浴巾 租借 200日圓
+ 洗臉巾及大浴巾套組 租
　借 300日圓
+ 吹風機 ◯

**泡完溫泉
小憩片刻**

在星野溫泉蜻蜓之湯泡完溫泉後，就前往隔壁的村民食堂（☎0267-44-3571）或Café HUNGRY SPOT（☎0267-44-3571），一嘗堅持使用當季食材的菜餚和在地啤酒等。
MAP P141D2

重點看過來！

自然風光圍繞的男女分浴庭園露天溫泉，據說有消除肌肉痠痛與疲勞等功效。

視野極為寬闊的庭園露天溫泉

採大落地窗的室內大浴場

┈ 純泡湯費用 ┈
泡湯1200日圓～

- 露天溫泉 4 ┊ 室內溫泉 2
- 包租浴池 ×
- 休息室 × ┊ 餐廳 ○
- 洗髮精 ○
- 香皂／沐浴乳 ○
- 洗臉巾 租借 100 日圓
- 吹風機 ○

中輕井澤
かるいざわせんがたきおんせん
輕井沢千ヶ滝溫泉

綠意環繞的寬廣溫泉魅力十足

以流動式的泉質滑順溫泉為豪，除了庭園露天溫泉外，還有加蓋屋簷的露天溫泉和室內大浴池。藉由溫泉和三溫暖暖和身心，消除日常的疲憊。

☎0267-46-1111 信軽井沢町千ヶ滝温泉 12～21時30分（週六日、假日、特別日為10時30分～22時）休無休（4、10月有維護公休）交千ヶ滝溫泉巴士站步行2分 P300輛 ●泉質：碳酸氫鈉泉、氯化物泉 MAP P141C1

中輕井澤
しおつぼおんせんほてる
塩壺温泉ホテル

流傳源賴朝傳說的溫泉

傳說這座溫泉是在鎌倉時代由源賴朝所發現的。泉質透明無色，可藉由能飽覽庭園的露天溫泉、備有寢湯的室內大浴池、包租家庭浴池（11～14時，另計60分2000日圓）讓身體徹底暖起來。

☎0267-45-5441 信軽井沢町中軽井沢塩壺 ⏰11～21時 休無休 交信濃鐵道中輕井澤站搭計程車8分 P60輛 ●泉質：碳酸氫鈉泉
MAP P141D1

在休息區享用午餐

┈ 純泡湯費用 ┈
泡湯1000日圓

- 露天溫泉 2
- 室內溫泉 2 ┊ 包租浴池 1
- 休息室 ○ ┊ 餐廳 ○
- 洗髮精 ○
- 香皂／沐浴乳 ○
- 洗臉巾 販賣 100 日圓
- 大浴巾 租借 300 日圓
- 吹風機 ○

重點看過來！

塩壺溫泉的泉水又被稱為「長命泉」，據信擁有美肌功效，膚觸清爽。

能欣賞以巨石佈置的庭園

重點看過來！

透明無色的溫泉從地下400m處滾滾湧入，宛如隱居住所般的氛圍也頗具魅力。

┈ 純泡湯費用 ┈
泡湯500日圓
（16時～600日圓）

- 露天溫泉 無
- 室內溫泉 2 ┊ 包租浴池 無
- 休息室 × ┊ 餐廳 ○
- 洗髮精 ○
- 香皂／沐浴乳 ○
- 洗臉巾 販賣 200 日圓
- 大浴巾 販賣 400 日圓～
- 吹風機 ○

中輕井澤
ゆうすげおんせんりょかん
ゆうすげ温泉旅館

遙望淺間山的景觀溫泉

從地下400m汲取上來的天然溫泉，雖然只有室內浴池，但能透過窗戶欣賞淺間山的壯闊景致。

☎0267-45-6117 信軽井沢町長倉4404 ⏰10～20時（有可能變動，需洽詢）休無休 交信濃鐵道中輕井澤站搭計程車6分 P30輛 ●泉質：氯化鈉泉、氯化鈣泉、碳酸氫鹽泉、硫酸鹽泉 MAP P141C3

有許多常客，還有販售11張一冊的回數券

鄰近外環道的獨棟旅館

在塩壺溫泉飯店的明神池休息區能觀察到造訪庭園的野鳥和松鼠。

不妨到這裡走走！

南・中輕井澤的推薦景點

きゅうこのえふみまろべっそう（いちむらきねんかん）
舊近衛文磨別墅（市村紀念館）

參觀日西合璧的復古洋樓

大正時代的建築物，曾是昭和首相近衛文磨的舊別墅，之後轉為政治學家市村今朝藏所有，並移建至現在的位置後開館，館內有展示品。**DATA** ☎0267-46-6103 住輕井沢町長倉2112-21 ¥入館400日圓（通用於輕井澤町歷史民俗資料館）営9～17時 休週一（逢假日則開館，7月15日～10月無休、11月16日～3月休館）交JR輕井澤站搭計程車6分 P20輛 **MAP**P138B1

かるいざわまちれきしみんぞくしりょうかん
輕井澤町歷史民俗資料館

透過豐富文獻介紹這裡的歷史

展出繩文時代的土器，以及輕井澤從江戶時代作為中山道驛站城鎮，一路發展到明治時代成為避暑勝地的文獻等，還可以參觀過去的生活用品等。**DATA** ☎0267-42-6334 住輕井澤町長倉2112-101 ¥入館400日圓（通用於舊近衛文磨別墅（市村紀念館））営9～17時 休週一（逢假日則開館，7月15日～10月無休、11月16日～3月休館）交JR輕井澤站搭計程車6分 P20輛 **MAP**P138B1

せんがたきせせらぎのみち
千瀧細流之道

延伸至中輕井澤的風景名勝千瀧

一路通往落差達20m的千瀧瀑布，長約1.4km的步道，在綠意盎然的森林中沿著流水而建。單程約25分鐘路程，路途中還有設於沿岸的戲水區等。春夏能飽覽蔥蔥綠林，秋季則可邊欣賞楓紅邊散步。**DATA** ☎0267-45-6050（輕井澤觀光服務處※〈くつかけテラス內〉）¥営休自由散步 交JR輕井澤站搭計程車18分至步道入口 P20輛 **MAP**P135C2

あ・ら・がーる
A LA GARE 🐾NG

辛辣香氣令人胃口大開

將從南印度直接進口的香料以獨特配方調配，供應正統風味的印度咖哩。有17種辣味，可從8個辣度中做選擇。印度烤餅套餐（如圖）1566日圓。**DATA** ☎0267-45-5187 住輕井澤町長倉3041 営9～19時(7月中旬～8月為～20時) 休週二(逢假日則營業，7月中旬～8月無休) 交信濃鐵道中輕井澤站步行1分 P利用町營停車場(1小時免費) **MAP**P141D3

かるいざわ がらす ぎゃらりー あーむす
輕井沢Glass Gallery Arms

挑戰製作色彩繽紛的彈珠

製作彈珠2160日圓先以燃燒器使玻璃棒融化後塑成圓形，再加上愛心或圓點圖案，成品還可以裝上串珠或吊繩（材料費另計）變成飾品。製作玻璃印章2160日圓、和製作燈罩5400日圓也很受歡迎。**DATA** ☎0267-48-3255 住輕井沢町長倉664-6 営9～18時(冬季～17時) 休不定休(7、8月無休) 交JR輕井澤站搭計程車8分 P30輛 **MAP**P138B2

きりしたおりこうぼう
霧下織工房

以天然素材製作的鮮豔藍染

能體驗以植物性染料來製作藍染（限定4～9月），可選擇漸層或花紋等喜歡的圖樣來染製手帕1000日圓～或圍巾3000日圓～，所需時間約20～60分。**DATA** ☎0267-48-3183 住輕井沢町發地1216-5 営10～17時(最晚需於前一天預約) 休週三、四(逢假日則營業，7月下旬～8月下旬無休) 交JR輕井澤站搭計程車15分 P10輛 **MAP**P138B2

おしだてさぼう
押立茶房 🐾NG

輕井澤早晨咖啡廳的始祖

8月會從5時開始營業的老字號咖啡廳，供應火腿量加上吐司、沙拉、飲品的早餐800日圓備受別墅族和高爾夫球愛好者歡迎，醬汁豬排餐也很熱門。不妨早起來享用現做的早餐吧。**DATA** ☎0267-48-1160 住輕井沢町南原町1 営8～18時(8月為5時～) 休週三(夏季無休) 交JR輕井澤站搭計程車10分 P20輛 **MAP**P139C3

供應至11時的早餐

ぶらんちかふぇ らぱん
Brunch Cafe LAPIN 🐾NG

CP值超高的午餐廣受好評

因有著居家氛圍而獲得當地人喜愛的咖啡廳，午餐可從蛋包飯1080日圓（如圖）或義大利麵等6種菜色中選擇，附3種前菜（事先預約則為4種）及甜點。**DATA** ☎0267-46-1832 住輕井沢町中輕井澤6-2 営11時30分～21時(售完打烊，午餐時間～18時) 休週三 交信濃鐵道中輕井澤站步行2分 P10輛 **MAP**P141D3

CHELSEA'S GARDEN CAFE
ちぇるしーず がーでん かふぇ ☂OK

英式獨棟建築的咖啡廳

本可在此品嘗英國道地的司康和甜點、下午茶、使用大量在地蔬菜製作的鹹派盤餐等。照片為英式下午茶（2個司康、自製果醬、奶油、整壺英國紅茶）1350圓。**DATA** ☎0267-46-1108 **住**輕井沢町長倉2146-1380 **時**11時30分～16時 **休**不定休（詳情參考官網）**交**信濃鐵道中輕井澤站搭計程車10分 **P**10輛 **MAP**P141C1

KARUIZAWA GARDEN TERRACE
かるいざわがーでんてらす ☂OK（僅限露台）

淺間山及田園景觀一覽無遺

既能眺望遠方的淺間山、眼前更有閒靜鄉村景致的木製露台十分熱門，使用高原蔬菜的烤製料理和手工甜點深受好評，信州牛的燉煮漢堡排1782圓。17時以後會加收10%開桌費。**DATA** ☎0267-46-6090 **住**輕井沢町発地1130 **時**11時30分～21時（有季節性變動）**休**不定休 **交**輕井澤站搭計程車15分 **P**15輛 **MAP**P138A2

column

跟著輕井澤嚮導服務（KGS）來趟英語單車遊

由當地的翻譯導遊騎著自行車以英語或日英2種語言來進行景點導覽。**DATA** ☎090-6958-3616 **時**9～22時（需預約）**¥**參加費3800日圓～（7～8人參加，含自行車租借費、咖啡費用）**休**不定休（自行車導覽於4～11月舉辦）**交**於JR輕井澤站等地集合 **P**需洽詢 **MAP** P138A1

Coffee ラ・ヴィーン
かふぇ ら・ゔぃーん ☂OK（僅限露台）（中小型犬）

欣賞苔庭之餘休息一下

位在鹽澤通（塩沢通り）上的隱密咖啡廳，供應從蒲公英根焙煎而成的蒲公英咖啡400日圓、花豆鹿之子涼糕300日圓等多種獨特餐點。可以透過大片窗戶欣賞美麗的翠綠苔庭，度過午茶時光。**DATA** ☎0267-46-2906 **住**輕井沢町長倉1889 **時**13～18時 **休**不定休（11～4月僅為週六、日營業）**交**JR輕井澤站搭計程車8分 **P**6輛 **MAP**P138B1

丸山珈琲 輕井澤本店
まるやまこーひー かるいざわほんてん ☂NG

咖啡愛好者經常造訪的名店

老闆親自走訪全球咖啡產地，使用嚴選出的高品質咖啡豆。多達30種的咖啡，讓許多人品嘗到素材的原始風味而以法式濾壓壺用心烹煮。丸山特調咖啡596日圓可搭配蜂蜜蛋糕卷420日圓一同享用。☎0267-42-7655 **住**輕井沢町輕井沢1154-10 **時**10～18時 **休**週二（逢假日則營業，夏季無休）**交**JR輕井澤站搭計程車5分 **P**11輛 **MAP**P139C1

TSURUYA 輕井澤店
つるやかるいざわてん

多樣化的獨特商品一應俱全

在長野縣內拓店超過30家店鋪的連鎖超市，輕井澤店在店鋪面積、銷售額方面皆堪稱第一。偌大的店內擺滿了信州產在地商品、自有品牌商品等，獲得輕井澤的別墅族和廚師的熱衷支持。**DATA** ☎0267-46-1811 **住**輕井沢町長倉2707 **時**9時30分～20時（7～9月為9時～）**休**不定休 **交**JR輕井澤站搭計程車10分 **P**400輛 **MAP**138A1

網羅獨家商品到進口貨的葡萄酒賣場

使用信州產食材製作的果汁是必買人氣商品

Cachette
かしぇっと ☂NG

堅持地產地銷的手工法式薄餅

招牌餐點是100%淺間山麓蕎麥粉製作的法式薄餅950日圓～，約有8種口味，上頭鋪滿在自家農園栽種的無農藥蔬菜等配料。焦糖杏仁等法式甜薄餅則是590日圓～。**DATA** ☎0267-31-0622 **住**輕井沢町長倉345-1 **時**11～19時（10～3月為11時30分～18時）**休**週二及12～2月的週一（8月洽詢）**交**JR輕井澤站搭計程車10分 **P**5輛 **MAP** P138B2

PÂTISSERIE CHEZ KAJIWARA
ぱてぃすりー・しぇ・かじわら

一個個手工製作的起司蛋糕

曾赴法國修習的梶原廚點師專所開設的店，經典人氣款是一口大小的起司舒芙蕾「輕井沢たまご」5個裝756日圓（照片的右side），將奶油起司加上康門貝爾起司以增加香醇口感，僅以冷凍販售。**DATA** ☎0267-44-1780 **住**輕井沢町中輕井沢4-2 **時**10～19時 **休**週二（逢假日則翌日休，週三不定休）**交**信濃鐵道中輕井澤站步行3分 **P**2輛 **MAP** P141D3

 若欲搭乘巴士前往千瀧，需在千ヶ滝温泉入口巴士站下車，從該處到步道入口步行約25分鐘。

重點看過來！
透過堀辰雄的文學
發現追分之美

深受這塊土地吸引的堀辰
雄，在他的文學中常可見
信濃追分出現。(☞P75)

重點看過來！
來到追分的分歧點
感受昔日旅人的心情

在中山道和北國街道的分
歧點上豎立著高大的夜
燈。(☞P74)

為紀念夏洛
克・福爾摩斯
100週年誕辰
而設立的雕像

重點看過來！
在石板老街上
隨意漫遊

追分的老街在2013年春
季鋪設成石板風格而重
獲新生。

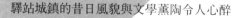

麵條沾上辣蘿蔔搾汁
後滑嫩順喉，蕎麦処さ
くら(☞P99)

驛站城鎮的昔日風貌與文學薰陶令人心醉

信濃追分
しなのおいわけ

是這樣的地方

信濃追分是在中山道上從江戶數來的第20個
驛站，位於與北國街道的分歧點上，可以連
同留有老街風貌的史蹟，順道走訪洋溢懷古
韻味的店家及文學景點。景點多位在長約
1km的老街上，也推薦將行程拉往西延伸
的淺間Sun Line附近，來這塊別墅勝地內的
獨棟咖啡廳坐坐。

a c c e s s

●往信濃追分 (老街)
輕井澤站搭乘信濃鐵道電車
8分，在信濃追分站下車，步
行至追分宿鄉土館約20分。

※信濃追分站有開往老街各
觀光景點的町內循環巴士
(由於班數較少，需事先確
認)。

洽詢
☎0267-45-8579
輕井澤町經濟觀光課
廣域MAP P110

～信濃追分 快速導覽MAP～

改建自旅館的古董雜貨店
在布来籠工房ままごと屋。(☞P75)仔細尋找心儀雜貨。

漫遊老街的第一步 追分宿鄉土資料館
也別錯過模仿江戶時代的旅館所打造的建築。(☞P75)

往輕井澤→

6 追分宿鄉土館 (☞P75)

古書追分コロニー (☞P77) **3**

RESTAURANT·SOUILLARDE

追分第2運動場 網球場

淺間神社 (☞P80) **5**

軽井沢西部小

追分

信濃追分

追分的分岐點 (☞P74) **1**

布来籠工房。ままごと屋。

淺間Sun Line

高札場

往小諸

追分宿

夏洛克·福爾摩斯像

4 堀辰雄文學紀念館 (☞P75)

蕎麦処ささくら

信濃追分站

信濃追分駅

往中輕井澤

往小諸

浅間サンライン入口

追分入口

旧中山道

泉洞寺 (☞P74) **2**

信濃追分文化磁場油屋

信濃鐵道

往輕井澤

觀光的提要
從信濃追分站步行遊覽驛站城鎮

從信濃追分站到追分宿鄉土館需步行約20分鐘，也有從中輕井澤站出發的巴士。由於這些能感受歷史軌跡的亮點分布各處，務必以步行進行觀光。

曾作為公告欄給平民看的高札場
加以重現古裝劇中常見頒布法令等公告的高札場。

N
0 ————— 300m

北陸新幹線

←往御代田·小諸站↓

往佐久平→

推薦路線

🕐 **3小時30分**

從信濃追分站朝御代田方向爬上鐵軌旁的坡道，右轉走進林中的別墅地帶後即到達追分宿。雖然觀光多以老街為重心，還是需留意分歧點路碑位在車流量大的國道18號旁。

起點		1		2		3		4		5		6		終點
		參觀		參觀		購物		參觀		參觀		參觀		
信濃鐵道信濃追分站	▶ 步行30分	追分的分歧點	▶ 步行5分	泉洞寺	▶ 步行5分	古書追分コロニー	▶ 步行即到	堀辰雄文學紀念館	▶ 步行7分	淺間神社	▶ 步行即到	追分宿鄉土館	▶ 步行20分	信濃鐵道信濃追分站

找尋驛站城鎮的風貌
漫遊舊中山道・追分宿

散發出沉穩韻味的信濃追分是名符其實的美麗村落，
也是最適合來一趟悠閒散步的區域。

▲追分的老街是風情洋溢的石板路步道

▼高大的路燈十分搶眼，有路標也有石碑，附近還留有傳承驛站城鎮風情的枡形茶屋「つがるや」的建築

1 追分的分歧點
おいわけのわかされ

通往越後和木曾的岔路

前往京都的中山道與通往越後的北國街道這兩條路的分歧點。「分去れ」一詞據傳是旅人之間過去曾在這裡惜別、分道揚鑣以繼續彼此的旅程而來。

☎0267-45-6050（輕井澤觀光服務處※くつかけテラス内）住輕井沢町追分 Y●●休自由參觀 交信濃鐵道信濃追分站步行30分 P無 MAP P140A3

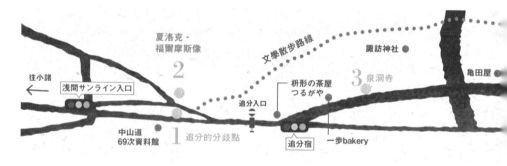

▼福爾摩斯與追分之間的關係成謎？

2 夏洛克・福爾摩斯像
しゃーろっくほーむずぞう

佇立在林蔭中的福爾摩斯

起因於譯者延原謙在追分的別墅翻譯夏洛克・福爾摩斯的故事，吸引後人為了紀念夏洛克・福爾摩斯登場100週年而自發性地建立起銅像。☎0267-45-6050（輕井澤觀光服務處※くつかけテラス内）住輕井沢町追分 Y●●自由參觀 交信濃鐵道信濃追分站步行30分 P無 MAP P140A1

▼境內豎立著出身於追分的書法家稻垣黃鶴的句碑

3 泉洞寺
せんとうじ

深受文人喜愛的禪寺

慶長3年（1598）建造的曹洞宗寺院。墓地裡頭有因歪著頭並以左手扶臉頰而被暱稱為牙痛地藏尊的小小石佛像，也曾於堀辰雄的作品《樹下》登場。☎0267-45-1354 住輕井沢町追分 Y●●休境內自由參觀 交信濃鐵道信濃追分站步行25分 P50輛 MAP P140A3

令人想一探究竟的文學小徑

追分古道北邊的森林中有一條或許堀辰雄、立原道造、福永武彦等文人也曾走過的文學步道，推薦來這裡循著小小的路標，一面感受高原大自然一面靜靜漫步。

4 布来籠工房ままごと屋。
ふくろうこうぼうままごとや

將古布再利用的小玩意好吸睛！

▼擁有超過250年歷史而韻味十足的旅館重獲新生

將屋齡超過250年的江戶旅社加以改建而成的雜貨鋪，店內擺滿了新品和古董，並且隨時陳列超過7位藝術家的作品，以古布製作的小東西十分熱銷。店門口的紅色郵筒是認店指標。☎0267-45-4008 **住**軽井沢町追分604 **時**11～17時（有季節性變動）**休**週三（11月～4月左右為週二～四不定休，有冬季公休）**交**信濃鐵道信濃追分站步行25分 **P**無 **MAP**P140A1

5 追分宿鄉土館
おいわけじゅくきょうどかん

驛站城鎮的歷史資料館

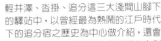

▼模仿日式旅館打造的建築物，內部也重現舊時茶屋風貌

輕井澤、沓掛、追分這三大淺間山腳下的驛站中，以曾經最為熱鬧的江戶時代下的追分宿之歷史為中心做介紹，還會舉辦與追分相關的企劃展。☎0267-45-1466 **住**軽井沢町追分1155-8 **¥**400日圓（通用於堀辰雄文學紀念館）**時**9～17時 **休**週三（逢假日則開館，7月15日～10月31日無休）**交**信濃鐵道信濃追分站步行20分 **P**50輛 **MAP**P140B3

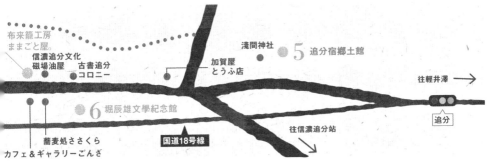

布来籠工房ままごと屋
信濃追分文化磁場油屋
古書追分コロニー
加賀屋とうふ店
淺間神社
5 追分宿鄉土館
往軽井澤 →
追分
6 堀辰雄文學紀念館
蕎麦処ささくら
カフェ＆ギャラリーごんざ
国道18号線
往信濃追分站

▲展示以小說《美麗村》等作品而廣為人知的堀辰雄手稿及收藏品

▼移建大本營的後門作為文學館入口

6 堀辰雄 文學紀念館
ほりたつおぶんがくきねんかん

作家度過晚年的居所和書庫

一心熱愛輕井澤而在追分度過晚年的作家堀辰雄的文學館，設有他在此迎來人生終點的家和書庫、堀夫惠子夫人之後建造的宅邸、文學碑等，能了解作家的生涯。☎0267-45-2050 **住**軽井沢町追分662 **¥**400日圓（通用於追分宿鄉土館）**休**週三（逢假日則開館，7月15日～10月31日無休）**交**信濃鐵道信濃追分站步行25分 **P**15輛 **MAP**P140B3

深受文化人士熱愛的「油屋旅館」
搖身一變為全新的文化發信基地

將可說是追分宿地標的旅館建築加以保存運用，
可透過藝廊和咖啡廳來接觸形形色色的藝術，為這趟城鎮漫遊添加樂趣。

▲還會舉辦工作坊和古董市集，詳情請見aburaya-project官網

しなのおいわけぶんかじばあぶらや
信濃追分文化磁場油屋

藝術、手工藝、古書的文化發信地

過去作為驛站城鎮十分繁榮，吸引許多旅人往來的追分宿，之後因其幽靜環境備受喜愛，成為作家及知識份子雲集、建起許多宿舍讓學生能來此度過夏天的一片土地。油屋旅館就位在驛站的中心，諸多文學作品和交流皆以此為據點而生。油屋借助此地聚集並產生「文化」的力量，將這棟1938年興建的建築物加以發揮，以成為挖掘輕井澤全新魅力的活動據點為目標，集結藝廊、書店咖啡廳、藝術商店、工房、多目的空間等設施。

☎0267-31-6511 🏠軽井沢町追分607 ⏰11～17時 休夏季無休，5～10月為週二、三公休，有冬季公休 🚃信濃鐵道信濃追分站步行20分 🅿10輛 MAP P140B3

也可以品嘗過去由油屋旅館及和泉屋所研發的銘菓「しなの追分」

おいわけきっさしつ くろすろーど・かふぇ
追分喫茶室
crossroad・café

走進大門的左手邊，旅館時期的大廳現作為咖啡廳使用，1938年建造當年便有的欄間雕刻發出黑亮色澤，展現一片懷古空間。參觀完油屋迴廊後，不妨來杯咖啡好好放鬆一下。

ぎゃらりー さにわ
ギャラリー 沙庭

追求能抓住人心的藝術

由一心想讓好東西能問世、費盡苦心將藝術融入生活而活躍的藝術家兼平面設計師中村仁主導監製的藝廊，除了展示作品以外，也另外販售藝術商品。

▲原創明信片1張150日圓～

▶蕎麥豬口杯3000日圓～・彩繪清酒杯1萬日圓～等

▲活用建築物的天花板和樑柱所設計的藝廊

▲NPO法人「aburaya-project」所經營

往後的回憶　立原道造
總是在夢裡回到
那山腳下的寂寥村落

▲「寄託萱草」立原道造

▲「加藤周一著作集」

▲模仿「旅社」而建的建築十分搶眼
▼書架以書籍類型分門別類

▲可以在店內邊閱讀邊細細品嘗
咖啡400日圓～

▲也有Colony原創圖案（左）的凹凸紙信
紙組（星燈社）各380日圓～

▲「頑草亭百花譜」福永武彥

▲店門口設有「正直文庫」

こしょおいわけころにー
古書追分コロニー

二手書店&書店咖啡廳

曾經深愛追分這塊土地，並以建築師和詩人的身份活躍於世後夭逝的立原道造，這間古書店＆咖啡廳的店名便是以其畢業製作「位於淺間山麓的藝術家駐村建築群」為由。書架依據生態、經濟、輕井澤相關作品等主題來陳列而一目瞭然，可讓人忘卻時光墜入書本的世界。

☎0267-46-8088　🏠輕井沢町追分612
🕐12～17時左右　🈺週一～週三（逢假日則營業，夏季無休，1～3月不定休）🚃信濃鐵道信濃追分站步行20分　Ｐ5輛　MAP P140B1

📖10月中旬在油屋的建築物及庭園內會舉辦「書物市集(ホンモノ市)」，集結書、藝術、手工藝等店家。

77

陽光普照十分舒爽的信濃追分區域
備受矚目的時尚咖啡廳&商店

擁有許多咖啡廳的信濃追分及淺間山麓長達1000m的林道和Sun Line。
包括高人氣的咖啡廳在內，陸續有新店家在此開店。

あーるてぃーるーむ
RTEA ROOM 🐾OK (僅限露台)

有機南非國寶茶的專賣店

專賣南非國寶茶的茶館&商店，網羅多種僅在非洲特定區域栽種出的南非國寶茶，以整壺供應，還有以南非國寶茶沖泡的奶茶，不供應咖啡，全面禁煙。
☎0267-41-0669 🏠輕井澤町追分1739-7 🕐12～16時LO (有季節性變動) 🈂週二、週三 (有不定休，請事先確認) 🚃信濃鐵道信濃追分站搭計程車15分 🅿有 MAP P140A3

▲販賣雜貨等商品的商店兼茶館

東方薄荷茶
南非國寶綠茶加上薄荷提味。500日圓

かふぇぐるまん
Café Gourmand 🐾OK (僅限露台)

蕎麥粉法式薄餅享有高人氣

位在御影用水溫水路的岸邊，天氣晴朗時還可從露台座眺望淺間山。曾赴法修習的主廚所製作的法式薄餅、可麗餅、法式糕點每樣都好吃又美味。
☎0267-31-6554 🏠御代田町御代田4108-1902 🕐11～18時 (晚餐採完全預約制) 🈂週五 (有季節性變動) 🚃信濃鐵道御代田站搭計程車5分 🅿有 MAP P140A2

▼老闆親自手工打造的圓頂屋

蕎麥粉法式薄餅
附沙拉、湯品、法式薄餅、飲品的套餐1800日圓

◀宛如歐洲田園風景般的立地也十分有趣

🐾OK (僅限露台)
いっぽべーかりー
一歩bakery

以天然酵母製作的硬麵包

因難以忘懷在德國吃過的麵包，老闆開始獨自研究麵包製法，製作出使用自製天然酵母所烘烤而成的講究麵包。他們在小諸市有片裸麥田，為了能穩定使用自製麵粉而在栽種上做足功夫。可在店內咖啡區內用，也有網路購物網站，可事先訂購。
☎0267-41-6511 🏠輕井澤町追分578 🕐10～17時 🈂週三、週四 🚃信濃鐵道信濃追分站搭計程車5分 🅿5輛 MAP P140A1

▲佇立在舊中山道饒富韻味的街景中

裸麥鄉村麵包(右)
越嚼越能吃出美味，內含風味樸實的裸麥。300日圓

みかげ茶屋

^{みかげちゃや}

🐾OK (僅限露台)

供應豐富和風甜點的沉穩咖啡廳

位於舊中山道上的咖啡廳，有採木質風格的別緻店內裝潢，以及綠意環繞的露台座。不但供應自家焙煎咖啡、手工蛋糕，和風甜點更是備受喜愛。正餐則有獨創的茶屋咖哩及古早味日式拿坡里義大利麵、1天限量15份的みかげ茶屋御膳等。

☎0267-45-2275 🏠輕井沢町追分89-2 🕐11～18時 休週一、第4週二(冬季需洽詢) 🚃信濃鐵道信濃追分站計程車5分 🅿8輛 MAP P140A2

> **稉米紅豆湯**
> 長野縣產的稉米配上紅豆泥，750日圓

▲綠意盎然的山莊風格建築物。みかげ茶屋御膳(上)1300日圓。

歐洲風景!? 御影用水溫水路

匯集淺間山麓的千瀧、湯川湧水的水路。由於淺間山的伏流水即使在夏天也十分冰涼，會讓田裡的稻穗受寒，為了讓水溫升高而設置這條溫水路。MAP P140A2

pain Trouver

^{ぱん とぅるーべ}

挑選也是樂趣之一的現烤麵包

不光只有硬質的法國長棍麵包及可頌，還有菠蘿麵包、奶油麵包、紅豆麵包、三明治、麵包脆餅、果醬等密密麻麻地陳列於店內。由於年輕老闆會不斷烘烤麵包，店內總是飄散著現烤的香氣。

☎0267-41-6678 🏠御代田町塩野450-24 🕐8～18時(10～2月為～17時·售完打烊) 休週二、週三(有臨時公休) 🚃信濃鐵道信濃追分站搭計程車15分 🅿有 MAP P134B2

pace around

^{ぺーす あらうんど}

集結舒適生活好物的雜貨鋪

原本是印刷工廠的挑高空間內，以高格調陳列出品味優異的商品。就如同店名「四處漫步」所指，可以沉浸在天馬行空的想像中，來一趟時尚又趣味的日常風景遊歷。

☎0267-32-7007 🏠御代田町塩野400-158 🕐10～18時 休週三(有臨時公休) 🚃信濃鐵道信濃追分站搭計程車15分 🅿有 MAP P134B2

▲明亮的店鋪，後方是淺間山

◀▼從古董家具、餐具、廚房用品、園藝用品、服裝、服飾、雜貨到食品的豐富品項

> **約80種的麵包**
> 從硬麵包到甜麵包、鹹麵包都有。熱賣的淺間麵包為200日圓

信濃追分 ● 備受矚目的時尚咖啡廳&商店

📖 御影用水溫水路長約1km，沿著水路綿延的小徑非常適合散步，周邊還有許多私房景點。

信濃追分和御代田的慶典、活動

吸引許多遊客造訪的夏季輕井澤、輕井澤旁的御代田町
各有其令人想參加看看的祭典與活動。

信濃追分馬子唄道中

江戶時代的追分宿地處北國街道與中山道的分歧點上，士官的大本營、預備本營、旅社林立，參勤交代官、來往的旅人曾讓此地熱鬧非凡。爾後，據信追分成為往後流傳到日本各地的民謠「追分節」的起源地，如今依然傳唱著「追分馬子唄」。

每年7月第4個週日舉辦的「信濃追分馬子唄道中」是一個傳承江戶時代氣息的活動，在馬夫高歌馬子唄的歌聲中，裝扮成武士與村民、旅人的人龍會從淺間神社漫步走向分歧點。

追分盆舞節

每年8月13～16日，淺間神社境內會舉行「追分盆舞節（追分盆踊り）」，據說是起因於二戰後為了活絡村莊，而由當時的多位青年為主來推行活動。位於深邃森林內的神社可看見不過於明亮的燈籠，可聽見高台上傳來的太鼓聲響，是一種散發出難以言喻氛圍的盆舞節。

不但會演奏輕井澤音頭等本地特有的曲目，以及東京音頭、炭坑節等盆舞的必備歌曲，還可聽到平和音頭、山彥音頭等罕見曲目。會贈送參加者燈籠或手帕，或是舉辦浴衣選美、幸運好禮等，每年都有五花八門的活動。

🏯 あさまじんじゃ
淺間神社
（洽詢）☎0267-42-5538（輕井澤觀光會館）馬子唄道中、追分盆舞節請洽☎0267-45-8377（輕井澤追分部局內）🚩輕井沢町追分 ¥自由參觀 🚉信濃鐵道信濃追分站步行20分 🅿30輛 MAP P140B3

信州·御代田龍神祭

以真樂寺內的大沼池所流傳的「龍神·甲賀三郎傳說」為主題而設的祭典，是一場會有全長15公尺的龍神「甲賀三郎」和全長30公尺並由女性扛轎的「舞姬」在龍陣太鼓及爆竹聲響中威武降臨飛舞的慶典。每年7月最後一個週六，會以真樂寺及御代田站南邊的龍神之杜公園為會場舉行。巨龍的開眼式則在飄散神秘氣息的大沼池進行，兩條龍在真樂寺境內飛舞的場面非常值得一看。

龍神祭實行委員會事務局（御代田町產業經濟課商工觀光課）
（洽詢）☎0267-32-3113

🏯 しんらくじ
真樂寺
（洽詢）☎0267-32-3113（御代田町產業經濟課）🚩御代田町塩野142 ¥境內自由參觀 🚉信濃鐵道御代田站車程10分 🅿16輛（慶典當天不可停車）MAP P134B2

吸引文學家蜂擁而至的「露天書齋」輕井澤

受到率先融入自然環境與西洋文化的風土吸引，
許多文學家相繼造訪輕井澤，將此地視為執筆寫作的場所。

{ 名人聚焦
堀辰雄 }

自從輕井澤被挖掘出作為避暑勝地的價值開始，便吸引許多文學家前來造訪，其中又屬曾拜師室生犀星、芥川龍之介師而步上文學之路的堀辰雄與輕井澤的淵源最深。1923年（大正12）堀辰雄在室生犀星的帶領下首度造訪輕井澤，他就此愛上這片土地的大自然，幾乎每年都來報到，也寫下諸多以輕井澤為故事背景的作品。1934年（昭和9）左右開始偶爾會到信濃追分留宿，並發表依據他住在輕井澤時的經歷所寫的《美麗村》、《風起》、《故鄉人》、《菜穗子》等小說。著作中，信濃追分以「O村」、「分歧之村」的名義登場。慕堀辰雄之名而來的津村信夫、立原道造、福永武彥等文人雅士也陸續聚集到了輕井澤和信濃追分，在此留下作品。雖然堀辰雄之後在追分興建住宅（堀辰雄文學紀念館☞P75）並於此邁向人生終點，但他之前所居住並進行創作的地方是「油屋旅館」（☞參考P76）。輕井澤高原文庫（☞P43）則蒐集並展示出與此地有其淵源的作家們的原稿與書信等。

堀辰雄
文学記念館

要不要試著將「書」擺在自然與人之間呢？
～古書追分コロニ一店長　齋藤祐子～

「書本乃良伴」這段文字，是某人在慶祝自己百歲生日的書展所裝飾的簽名版上，以微微會抖的筆跡所寫下，而那個人就是石井桃子，到晚年為止都留下許多著作和譯作。這張簽名版上的字句，就猶如此漫長又卓越的人生中的「一小滴真實」。

如同石井桃子每年夏天來到輕井澤町追分綠林中的山莊，長期居留於此並勤奮創作，會有如此多人在輕井澤創造出文學作品、進行翻譯工作、勤奮向學，或許是因為這裡擁有能讓人沉浸於思考、勇敢面對稿紙的「安穩、清涼、靜謐」吧。從淺間山延伸下來的緩坡有如「露天書齋」般的場域，過去每到夏季也有許多準備大學考試或司法考試的考生來長住，至今依舊有多間療養院和學校宿舍等設施散布此地。

不同於雜沓之中，也不同於山上天邊，輕井澤宛如自然與人類伴侶之地的結果。時而讓思緒奔騰至宇宙彼端，時而關注人類世界糾葛模樣，這兩個不同世界的相互爭鬥，讓人的頭腦與心靈在這個境界上跟著動搖。而幾乎使人感到寂寞的寂靜，更能讓你埋頭專注於寫作上。這裡就是如此的書齋空間。

幾乎很難想像很久以前這個城鎮曾有過繁華時代，因為如今可見的江戶時代痕跡已屈指可數。但也正因為曾經失去過，對於那些看得見隱藏細節的人來說，他們為了感受這股獨特的氛圍而開始再三走訪輕井澤，使得淺間山一帶最近有越來越多作家和藝術家、音樂家移住於此，而不侷限於夏天。

廣布在淺間山南麓海拔1000公尺的高原與書本十分相襯。過去有諸多文學家在輕井澤散步、執筆創作，有時更成為辯戰文學理論的場域，如今這片宛如沉靜書齋般的空間與靜下心來閱讀的時光非常相襯。

不但在信濃鐵道中輕井澤站內設有圖書館，城鎮內還有「堀辰雄文學紀念館」（追分）以及置有書架的咖啡廳、「高原文庫」（塔列辛內）和「繪本之森美術館」（鹽澤）、「朗讀館」（千瀧）等形形色色與書籍相關的設施，我希望「書本城鎮輕井澤」的形象能繼續堅守下去。而你的包包裡頭是否有帶一本書呢？別忘了「書本乃良伴」！

不妨到這裡走走

信濃追分・御代田的推薦景點

あさまじょうもんみゅーじあむ
淺間繩文博物館

認識淺間山的歷史及繩文文化

除了以苴壯於淺間山麓的繩文文化為主題的常設展以外，也設有製作繩文陶器、生火等體驗工房，還能欣賞從列為國家重要文化財的川原田遺跡出土的燒町陶器。**DATA☎** 0267-32-8922 **住**御代田町馬瀬口1901-1 **⊙**9時30分～17時 **休**週一（逢假日則翌日休，黃金週、8月無休）**交**信濃鐵道御代田站步行7分 **P**130輛 **MAP**P134B3

やかくら
八ヶ倉 NG

隱身於當地的知名餐廳

外觀採山中小屋風格的義式＆洋食餐廳，除了義大利麵930日圓～、披薩1130日圓～之外，漢堡排、焗烤等洋食菜色非常豐富，無論是分量、價位、店內裝潢都讓人好滿足。**DATA☎**0267-32-4261 **住**御代田町馬瀬口1917 **⊙**10時30分～22時30分（22時LO）**休**無休 **交**信濃鐵道御代田站步行20分 **P**20輛 **MAP**P134B3

もりのかふぇてらす・かわんるもー
森のカフェテラス・KAWAN RUMOR  OK（僅限露台）

自家焙煎咖啡的正統咖啡廳

位居森林中幽靜別墅地帶的咖啡廳，能喝到以手工挑選的優質咖啡豆所自家焙煎出的咖啡。露台座可攜帶寵物同行，也有販賣磨好的咖啡粉。**DATA☎**0267-46-2070 **住**輕井沢町追分1541-55 **⊙**10～18時 **休**週日、假日 **交**信濃鐵道信濃追分站搭計程車10分 **P**5輛 **MAP**P140A1

れすとらんゆうき
レストランゆう木 NG

輕鬆休閒地品嘗道地法式料理

一走進店內便能透過南邊的大片窗戶飽覽田園景觀，呈現出一片彷彿異世界般的空間。曾修習道地法式料理的主廚所烹製出的菜餚全是手工製作，作為配料的蔬菜和醬汁美味可口。**DATA☎**0267-31-5515 **住**輕井沢町追分976-4 **⊙**11時30分～14時30分LO、17時30分～20時30分LO **休**週四 **交**信濃鐵道信濃追分站步行10分 **P**8輛 **MAP**P140B1

べーかりーかふぇここらで
Bakery Cafe COCORADE OK

還有能眺望淺間山的露台座

從基本款到季節風味，這裡備有超過90種的現烤麵包，可以在免費提供咖啡自氛圍悠閒的附設咖啡廳內用。天氣晴朗時也推薦坐在位地絕佳的露台座享用。**DATA☎**0267-41-0383 **住**御代田町馬瀬口458-2 **⊙**8～18時 **休**無休 **交**信濃鐵道御代田站步行15分 **P**36輛 **MAP**P134B3

ぷてぃらぱん
Petit Lapin OK（僅限露台）

信州當令的水果蛋糕超熱賣

曾在法國學習製作糕點的女甜點師傅所經營的可愛糕點店＆咖啡廳，推出起司蛋糕及沙赫蛋糕等經典口味，再加上藍莓等季節性蛋糕共約10種糕點。**DATA☎**0267-46-8022 **住**輕井沢町追分97-18 **⊙**10～18時30分 **休**週三（逢假日則前日或翌日休）**交**信濃鐵道信濃追分站搭計程車8分 **P**3輛 **MAP**P140A1

▲午餐採全餐式，附沙拉、湯品、主菜、甜點、咖啡或紅茶共2160日圓～、晚餐為3130日圓～
▼置有手工看板的入口

▲能將田野彼端的淺間山盡收眼底的最佳立地
▼最受歡迎的是中仙道心樂de紅豆麵包1個140日圓、巧克力精靈60日圓、洋蔥麵包490日圓

▲花草圍繞的紅與白建築物，露台座是頭等座
▼店內還有烘焙西點的專區，照片右後方為咖啡座

風味清爽的輕井澤美食
讓你的身心精神飽滿

由名廚大展廚藝的法國菜加上義大利菜，
再加上講究食材的養生和食及蕎麥麵等，
擁有許多令饕客讚不絕口的美食餐廳也是輕井澤的魅力。
也務必來嘗嘗鮮嫩的高原蔬菜。

頂級主廚操刀的
知名法式料理餐廳

多位主廚受到輕井澤的豐沛大自然和新鮮食材所吸引而來此開店，
不妨在料理和氣氛皆屬一流的名店度過優雅時光。

◀主廚
大塚哲也

▶擺盤十分精美的蔬菜鮮度一流

南輕井澤 🐾OK（僅限夏季的露台）
えるみたーじゅ・どう・たむら

Hermitage de Tamura

打造極致幸福的時光
獻給美食家的私房餐廳

▲餐廳改建自水上勉的舊別墅

▲穿透葉縫的陽光從落地窗灑落進來

輕井澤法式料理的代表性名店。直接向輕井澤鄰近農家採買的無農藥蔬菜及各地的講究食材，都經由2017年春季接棒的主廚大塚哲也之手簡單化為美食。午間全餐8800日圓～（服務費另計）、晚間全餐13000日圓～（服務費另計），從前菜到甜點會有7～9道菜上桌。

☎0267-44-1611 🏠軽井沢町長倉820-98
🕐12～13時LO、18～20時LO 🈺週一、週二
（逢假日則營業，有冬季公休）🚉JR輕井澤站
搭計程車10分 🅿20輛 MAP P138B1

◀老闆兼主廚
戶枝忠孝

▶主菜示例「烤小羊肉」，擺盤與配菜都十分講究

南輕井澤 🐾NG
れすとらん とえだ

Restaurant Toeda

備受饕客矚目的
湯川水岸餐廳

▲甜點別無分號且兼具美感，是視覺上的饗宴

曾在追分的「Domaine de Mikuni」擔任3年主廚的戶枝忠孝，以曾在名店磨練的廚藝與美感所催生的菜色深獲當地好評。午間全餐6000日圓～（服務費另收10%）、晚間全餐9000日圓～（服務費另收10%）。

☎0267-45-7038 🏠軽井沢町長倉1877-1 🕐11時30分～13時LO、17時30分～20時LO（完全預約制）🈺不定休 🚉JR輕井澤站搭計程車10分 🅿4輛 MAP P138A1

▲僅有5組桌椅，給人幽靜沉穩的感覺

伴手禮就買
知名主廚特製的
自製醃蔬菜

名店Hermitage de Tamura所販賣的自製醃蔬菜1260日圓～是許多客人回購的熱銷商品。裡頭有超過10種無農藥蔬菜，可以像在吃沙拉一般享用。☎0267-44-1611
(MAP)P138B1

▶老闆兼主廚
竹中浩史

◀午間全餐4212日圓（服務費另計）示例，使用當季食材而色彩繽紛

信濃追分 🐾OK（僅限午餐時段的露台）
れすとらん すいやるど

RESTAURANT SOUILLARDE

盛滿季節性食材的
華麗佳餚令人心動

▲自製果醬可買做伴手禮

佇立於追分森林中的獨棟餐廳，曾在法國名店磨練廚藝的竹中主廚端出以養生蔬菜為主的法國菜，冬季還會有鴨肉和鹿肉等野味料理上菜，能盡享當令食材，甜點也讓人十分期待。

☎0267-46-2789 🈺輕井沢町追分1551-2 🕐12～13時30分LO、18～20時LO 🈺週一（逢假日則週二休，有冬季公休）🚉信濃鐵道信濃追分站搭計程車10分 🅿7輛
(MAP)P140A1

▲天花板挑高，呈現出一片相當舒適的空間

▶老闆兼主廚
木村好男

◀5440日圓的午間全餐示例，也備有較便宜的單盤午餐2500日圓

新輕井澤 🐾OK（僅限晴天時的露台）
る べるくーる

LE BEL COEUR

在奢華空間中品味
實力派主廚的法式料理

▲以保管珍貴葡萄酒的酒窖為傲

使用法國食材與信州產食材烹製的午間全餐3910日圓～（服務費另計），網羅約2000支葡萄酒也是一大魅力，來享用葷菜餚與羊酒的羊妙結合吧。

☎0267-41-2296 🈺輕井沢町輕井沢1323-374 🕐11時30分～14時LO、17時30分～20時LO 🈺週二（黃金週無休，冬季為週一、二休）🚉JR輕井澤站步行15分 🅿8輛
(MAP)P137C2

▲彷彿踏入歐洲宅邸般的沉穩氛圍

📖 LE BEL COEUR的單盤午餐是在露台座或者2樓餐廳供應。

來到幽靜的獨棟餐廳
細細品嘗絕品法式料理

如果想盡情感受度假風情，就前往綠意圍繞的獨棟餐廳，
可以在時光緩緩流淌的沉穩空間度過小奢華午餐時光。

> ✛
> 午間全餐4500日圓～
> （10%服務費另計）
>
> 開胃小點＋前菜＋主菜＋甜點＋飲品。照片為主菜示例，可沾紅椒醬汁品嘗的「巴斯克風味烤真鯛」

新輕井澤 🐾NG
しぇくさま
CHEZ KUSAMA

滿滿蔬菜的自然派法式料理

草間主廚的目標是能讓客人品嘗到「蔬菜原始風味」的法式自然料理。不妨來此以堅持無農藥、無化學肥料的高原蔬菜和嚴選食材製作的全餐料理，盡享輕井澤的當季美味。
☎0267-46-9123 🏠輕井澤町輕井澤1265-15 🕚11時30分～14時LO、17時30分～20時30分LO 🈺週四（逢假日則營業、黃金週、盂蘭盆節無休），有冬季公休 🚉JR輕井澤站搭計程車5分 🅿12輛 MAP P136B3

1以帶有涼爽氣息的玻璃容器盛裝的前菜　2店門前的時髦招牌十分搶眼　3店內統一採溫馨風格

南輕井澤 🐾OK（僅限露台）
ぶらっせりー なかがわ
Brasserie NAKAGAWA

在石造宅邸品味優雅時光

玫瑰花園包圍的隱密餐廳，店內以古董家飾佈置，展現穩重氣圍。能夠一面欣賞廣布在眼前的庭園與四季花卉，好好享用嚴選食材的休閒法式料理。
☎0267-44-6911 🏠輕井澤町發地342-2 レイクニュータウン内 🕚11時30分～14時LO、17時30分～20時LO 🈺週三（有冬季公休）🚉JR輕井澤站搭計程車13分 🅿50輛 MAP P139C3 ※午餐時段不可使用信用卡

> ✛
> 主菜午餐2700日圓～
>
> 前菜＋肉類料理or魚類料理（+208日圓）＋甜點＋飲品。照片為主菜示例，新鮮海產的「馬賽魚湯」

1甜點示例「入口即化的杏仁奶凍」　2除了店內座位區，還有面向庭園的露台座　3鄰接輕井澤湖畔花園（☞P54）

在餐廳發現的美味伴手禮

Le Bon Vivant Karuizawa售有主廚特製的果醬760日圓～，是將信州產的當令水果細細熬煮後用心製成，務必來長嘗嘗這種手工風味。

☎0267-31-6605　MAP P138B1

+
午間全餐3000日圓～
（10%服務費另計）

前菜＋主菜＋甜點。照片為主菜示例「烤煮羊腿肉」，醬汁富含了蔬菜的精華

南輕井澤　NG
る・ぼん・う゛ぃぼんかるいざわ

Le Bon Vivant Karuizawa

輕鬆品嘗雅緻的西式餐館料理

由來自東京吉祥寺同知名餐廳的梅田主廚大展身手，將嚴選食材加上法式和義式風味精髓的西式餐館料理深獲好評，單點料理選擇也相當豐富。

☎0267-31-6605　住輕井沢町長倉2621-19　⏰11時30分～14時、17時30分～22時30分　休週三　交JR輕井澤站搭計程車10分　P7輛　MAP P138B1

1將扇貝與信州產蘆筍入菜的佳餚　2氣氛悠閒讓人得以放鬆的明亮店內　3靜靜佇立在鹽澤通上

新輕井澤　NG（包場時則可）
えぶりこ

E.Bu.Ri.Ko

重新發現季節菇類的美味

以採集自信州山野的天然菇類為主角的菇類料理專賣店，主廚親自採來的食材會以法式料理的全餐形式供應，從湯品到甜點的所有料理都有使用菇類。

☎0267-42-3033　住輕井沢町輕井沢1157-6　⏰11時30分～13時30分LO、17時30分～19時30分LO（有季節性變動）　休週三以外有不定休　交JR輕井澤站搭計程車5分　P4輛　MAP P137C2

+
午間全餐2590日圓

湯品＋主菜＋甜點＋飲品。照片為主菜示例「紅酒燉牛頰肉與菇類」，醬汁也十分美味

1季節菇類拼盤1780日圓　2簡潔的室內裝潢讓人舒適愜意◎　31樓為停車場，2樓為餐廳

每到黃金週和暑假的週末，人氣餐廳絕對是人龍不斷，建議盡早訂位。

在鮮豔食材妝點的義式餐廳
度過幸福的午餐時光

當季的高原蔬菜加上新鮮海產、手打義大利麵、彈牙的披薩…。
前往大啖滋味豐富的美味義式料理吧。

✛
披薩午間套餐
1700日圓～

可從8種披薩中選擇，
附上前菜小拼盤、本日
甜點、飲品

✛
貓耳朵麵
1728日圓

自製手打新鮮義大利
麵，醬料的原料是12種
當地產蔬菜

新輕井澤
あ ふぇねすてっら

A FENESTELLA 🐾OK（僅限露台）

發揮食材風味的拿坡里披薩

主廚因深深愛上拿坡里披薩
的美味而曾遠赴發源地修習，
用心製作出的披薩住評如
潮。僅使用小麥、鹽、水、酵
母製作的簡單餅皮與配料譜
出絕佳美味。午餐供應8～9
種、晚餐供應15～16種披
薩。

☎0267-31-6770 住輕井沢町長
倉2622-5 時11時30分～14時
LO、17時30分～21時LO 休週二
（夏季無休）交JR輕井澤站車程5分
P8輛 MAP P136 C3

❶寬敞的木質風格店內非常
舒適

輕井澤站周邊
りすとらんて ぴえとりーの

Ristorante Pietrino 🐾OK（僅限露台）

在藝術空間內品嘗義式料理

位在輕井澤新藝術博物館
（☞P36）1樓的義式餐廳，
使用當地產的新鮮食材以及
從各地進貨的肉品，吃得到分
量十足的菜餚。義麵午餐
1728日圓，晚餐有選擇豐富
的單點料理。

☎0267-46-8499 住輕井沢町輕
井沢1151-5 時11時30分～14時
30分LO、17時～20時30分LO 休
週二（逢假日則翌日休、8月無休）
交JR輕井澤站步行10分 P20輛
MAP P137 D2

❶採大面落地窗的明亮店內 ❷
義麵午餐+600日圓可更換成
肉類料理

離山通是義式餐廳街?!

位於義式餐廳雲集的離山通上的Trattoria Barcaccia是洋溢輕鬆氣息的義式餐廳，吃得到口感Q彈的自製披薩990日圓～。

☎0267-41-4139 ⓂⒶⓅP137C2

✢
午間套餐
1620日圓

本日主菜料理+沙拉or湯品+麵包or白飯的套餐

✢
午間全餐
4320日圓

附前菜、義大利麵、主菜、甜點等餐點的午間全餐

【南輕井澤】
おうふうしょくじどころ りんでんばーむ

欧風食事処 りんでんばーむ

🐾OK（僅限露台）
※露台僅供應單點料理

想搭配葡萄酒品味的西式餐館料理

供應融入義式料理及法式料理的西式餐館菜餚。午餐以能自選前菜和主菜的西式餐館料理1200日圓～、全餐5940日圓等最受歡迎，葡萄酒的種類也相當豐富。

☎0267-42-1035 🏠輕井沢町南が丘641-109 🕐11～15時LO、17時30分～22時LO 🈳週一（逢假日則營業、翌日休，8月無休）🚉JR輕井澤站搭計程車10分 🅿20輛 Ⓜ️ⒶⓅ
P138B2

1能愜意享用餐點的氣氛 2四季花卉與綠意環繞

【中輕井澤】
もですと

MODESTO

🐾OK（僅限露台）
※露台僅供應單點料理

嘗嘗結合日式與義式的新穎料理

由生於長野縣上田市的主廚所提案的餐點是融入牛蒡、竹筍等和風食材的新穎義式料理。使用信州食材、季節風情洋溢的午間全餐為4320日圓～、晚間全餐為6156日圓～。

☎0267-31-5425 🏠輕井沢町長倉3430-5 🕐12～13時30分LO、17時30分～20時30分LO（晚間採預約制）🈳週三（有冬季公休）🚉信濃鐵道中輕井澤站搭計程車5分 🅿6輛 ⓂⒶⓅP141C2

1主菜的魚類料理示例 2可透過窗戶欣賞樹林

饕客也心服口服！
深受當地好評的實力派義式餐廳

輕井澤是內行人都知道的義式餐廳一級戰區，氣氛不拘謹，
口味更是一流，如此的實力派餐廳想當然也吸引當地人回訪。

大力推薦！

✧
午間套餐
2000日圓～

可從數種義大利麵中選擇，附前菜等
的午間全餐示例。照片為「三疣梭子
蟹番茄奶油醬口味」

中輕井澤 🐾OK（僅限露台）
リストランテ アダージオ

Ristorante A'dagio

大自然環繞的隱密餐廳

佇立於野鳥棲息的湯川沿岸，必點人
氣餐點「三疣梭子蟹義大利麵」是能
品嘗到螃蟹濃郁風味的一品，也推薦
使用自家農園栽種的蔬菜和香草等製
成的季節義大利麵。
☎0267-41-0228 住輕井沢町長倉2792-2
🕐11時30分～14時LO、17時30分～20時
30分LO 休週四（夏季無休，2月有1週公休）
🚉JR輕井澤站搭計程車10分 Ｐ4輛 (MAP)
P141D3

▲陽光從落地窗灑下的明
亮店內

▲餐廳旁邊就是河川，晴
天時露台座十分搶手

大力推薦！

✧
午間套餐
1350日圓（黃金週、8月除外）

限平日供應的實惠套餐，點披薩或義
大利麵會附上單杯葡萄酒等飲品。
菜色每月更換1次

中輕井澤 🐾NG
とらっとりあ ら ぱっきあ

Trattoria La Pacchia

Q彈餅皮的披薩人見人愛

以義大利製的柴爐烘烤出的道地披薩
大受好評，有經典的瑪格麗特披薩
1490日圓、鋪上生火腿的帕瑪火腿披
薩1728日圓等多種口味，義大利麵
842日圓～、義式麵疙瘩、前菜選擇
也相當豐富。
☎0267-46-1552 住輕井沢町長倉2874
🕐11時30分～14時30分LO、17時30分～20
時50分LO 休週三、第1週四（冬季為第1、3
週四休）🚉JR輕井澤站搭計程車10分 Ｐ6輛
(MAP)P141D3

▲營造居家氛圍令人好
放鬆

▲屋頂上有個披薩烤窯用
的煙囪

堅持
有機食材的
義式餐廳

位在離山通上的Bistro Pomodoro的人氣餐點是以日本產小麥與天然酵母製作的披薩1850日圓～，點餐後才開始拍打餅皮，並以特製石窯進行烘烤。

☎0267-42-7752　**MAP**P137C2

\ 大力推薦！/

✛
POLLO E FUNGHI
2100日圓

雞肉、莫札瑞拉起司、菇類的披薩再加800日圓即可搭配前菜、甜點、飲品成套餐

南輕井澤 🐾OK(僅限露台)
いたりあん きっちん なおき

ITALIAN KITCHEN
NAOKI

講究食材的石窯披薩

使用特別訂製的石窯，點餐後才一份份進爐烘烤的披薩1600日圓～相當著名。鋪上滿滿自家農園產香草及番茄的披薩有著彈牙的口感又分量十足，快來趁熱品嘗。

☎0267-48-4818 🏠輕井沢町発地1398-16 ⏰11～14時30分LO、17時30分～21時LO 🈲週二(逢假日則營業)🚌JR輕井澤站搭計程車7分 🅿7輛 **MAP**P139C2

▲以黑色及摩卡棕色統一的雅緻裝潢

▲佇立在閑靜別墅地區的獨棟建築

\ 大力推薦！/

✛
義大利麵午餐
1680日圓

可從3種口味中挑選的義大利麵，附上當季蔬菜的沙拉、湯品、自製麵包、飲品，照片的義麵為「蛤蜊紅醬」

舊輕井澤 🐾OK(僅限露台)
ちぇんと・どうえ 102／ろかんだ で らんじぇろ

CENTO DUE 102／
Loccanda Dell' Angelo

以當地蔬菜為重心盡享食材風味

在當地掀起話題的義式餐廳，主廚是曾在義大利及東京的名店磨練過廚藝的實力派，可在此輕鬆品嘗用上大量輕井澤季節性食材的佳餚。

☎0267-41-0018 🏠輕井沢町大字輕井沢167-47 ⏰8～10時(需預約)、12時～14時30分LO、18時～ 🈲週三(8月無休)🚌聖パウロ教会前巴士站歩行2分 🅿無 **MAP**P137C1

▲也設有吧台座，獨自前來也能自在享用

▲散發出宛如義大利別墅般的氣息

📖 CENTO DUE在義大利文中意指102，據說是以舊輕井澤的郵遞區號作為店名。

就算排隊也想吃！1000多日圓的超值午餐

長長的隊伍前是CP值一級棒的高人氣餐廳，
快來這裡享用一頓胃口與荷包都能大大滿足的午餐吧。

牛肉燴飯套餐
1566日圓
將信州產菇類及牛肉以特製多蜜醬熬煮而成的菜餚，附上湯品、沙拉

舊輕井澤　OK（僅限露台）

かふぇ れすとらん ぱおむ

Cafe Restaurant Paomu

長年備受喜愛的舊輕井澤洋食館

必點的牛肉燴飯和雞肉咖哩1512日圓（附湯品、沙拉）等用心烹煮的古早味洋食餐點一應俱全，佐秘傳和風醬並限量15份的信州蓼科牛沙朗牛排套餐4104日圓也很受歡迎。

☎0267-42-8061 住軽井沢町軽井沢806-1-2F ⏱9～17時LO(有季節性變動) 休不定休(有冬季公休) 交旧軽井沢巴士站步行2分 P無 MAP P24

追加推薦這一道！

三笠咖哩套餐1400日圓～
將老飯店傳統的咖哩醬加以改良的料理，再擺上信州深雪豬的炸豬排

餐廳在2樓，1樓設有甜點專賣店

舊輕井澤　OK（僅限露台）

きゅうかるいざわかふぇすずのね

旧軽井沢café涼の音

在歷史悠久的別墅享受午餐時光

將大正到昭和初期建於此地的「舊松方家別墅」改建而成的咖啡廳，可以在活用舊別墅格局的沉穩空間內悠閒放鬆。11時30分以前還有供應晨間套餐1296日圓。

☎0267-31-6889 住軽井沢町旧軽井沢972 ⏱9～17時(16時30分LO) 休週三（12～3月公休） 交旧軽井沢巴士站步行10分 P無 MAP P25

有裝設暖爐的舊別墅客廳

追加推薦這一道！

經典巧克力蛋糕648日圓
除了佐上鮮奶油的巧克力蛋糕以外，還備有多款自製甜點

鮮蝦與扇貝的美式龍蝦醬義大利麵1512日圓
將海鮮美味緊緊鎖住的經典人氣義大利麵，濃郁醬汁讓人無法抗拒。附沙拉、麵包

老牌洋食餐廳的人氣甜點

提到Cafe Restaurant Paomu就以「輕井澤布丁」486日圓最出名，口感滑嫩，即使微波加熱也一樣好吃，1樓商店也有販售。

☎0267-42-8061 **MAP** P24

✛
塔可飯（附飲品）
1300日圓

將微辣的塔可飯與滿滿一碗公的蔬菜攪拌後享用，優格用來飯後解膩恰恰好

有看板狗坐鎮，也吸引當地愛狗人士前來

新輕井澤 🐾OK（限露台，店內需視人潮而定）
かふぇ こんべるさ
Café Conversa

居家氛圍為最大賣點

由生於輕井澤的老闆所經營。三明治和夏季蔬菜咖哩等午間餐點附飲品1300日圓～，使用A5等級的信州牛特級牛肉所煎出的臀肉牛排（150g3000日圓～）也很受歡迎。晚上會變成力推烤雞製料理的葡萄酒吧。

☎0267-42-1166 **住**輕井澤町輕井澤東19-18 **時**11～23時LO **休**週二 **交**JR輕井澤站步行5分 **P**3輛 **MAP** P137D3

舊輕井澤 🐾NG
わかどり てにすこーとどおりてん
わかどり

來輕井澤老店品嘗知名的雞肉料理

昭和35年創業的雞肉料理專賣店，名菜是沾上店家引以為傲自製醬料的烤雞肉串3串580日圓，以及用特製烤具燒烤的雞腿肉「むしり」960日圓。在2017年11月底搬遷至輕井澤本通。

☎0267-42-4520 **住**輕井沢町輕井沢3-4 **時**12～14時、17～21時（20時LO）**休**週二 **交**中部電力前巴士站步行2分 **P**無 **MAP** P137D2

✛
烤雞碗
1260日圓

鋪上多汁烤雞肉的高人氣餐點，美味的關鍵在於傳承超過50年的秘傳陳年醬汁

有時在營業之前便有長長人龍

✛
漢堡排盤餐
1512日圓

安曇野阿爾卑斯牛的漢堡排搭配大量蔬菜的盤餐，附上白飯或者自製麵包

舊輕井澤 🐾NG
しょみんはふれんちようしょく
かずらべ
庶民派フレンチ洋食
KAZURABE

輕鬆品味家庭式法國菜

以實惠的價格供應將安曇野的阿爾卑斯牛、武石產的香草雞等信州食材入菜的法式料理，作為配菜的蔬菜也是大分量，誠意十足。晚餐為3500日圓～。

☎0267-41-5186 **住**輕井沢町輕井沢726 ツチヤプラザ2F **時**11時30分～15時、18～21時 **休**週二（事先預約、逢假日則營業）**交**日輕井沢巴士站步行6分 **P**無 **MAP** P25

位於舊銀座通上的建築物2樓

 Cafe Restaurant Paomu的「牛奶生起司蛋糕」486日圓是與「輕井澤布丁」齊名的人氣商品。

一天的活力就從這裡開始
在迷人的高原咖啡廳享用早餐

要不要試著早起一些，來感受清幽高原的美好假期呢？
就用美味早餐與咖啡來展開美好的一天吧！

＋
鬆餅（附飲品）
900日圓
早餐為6時30分～11時
以銅板烤出澎軟的鬆餅，
11時～以1000日圓的價格
供應。

追加推薦
這一道
自製的生乳酪
蛋糕（附飲品）
900日圓

南輕井澤
かふぇ・る・ぷてぃ・に とろわ
Café Le Petit Nid 3　😺OK（僅限露台）

喝杯香醇咖啡醒醒腦

參考英國偏鄉所打造的咖啡廳，提供鬆餅、炸到微焦的炸熱狗850日圓等豐富的早餐菜色，早餐時間還會在凸窗供應整壺的焙煎特調咖啡（分量2杯）。

☎0267-48-3334 🏠輕井沢町発地1398-457 🕗8～13時（夏季為7時～）🈳週四、週五 🚃JR輕井澤站搭計程車5分 🅿8輛 MAP P139C2

1室內裝潢也很時髦 2置有沙發和長椅，讓人好放鬆

＋
薯餅套餐
1000日圓
7時～11時30分
薯餅加上自製香腸及荷包蛋，附吐司、咖啡。

追加推薦
這一道
歐姆蛋盤餐
950日圓，附
麵包、飲品

新輕井澤
すとーぶかふぇ おきざりす
ストーブカフェ オキザリス　😺OK（僅限露台）

深受在地人喜愛的大分量早餐

因價格公道和美味而擁有許多回頭客的咖啡廳。將馬鈴薯煎到焦香的薯餅套餐非常受歡迎，早餐以外的時段也能追加100日圓來加點。套餐的咖啡以整壺供應。午餐為950日圓～。

☎0267-42-4442 🏠輕井沢町輕井沢1287-9 🕗7～17時（冬季為8時～16時30分）🈳週四 🚃JR輕井澤站車程5分 🅿4輛 MAP P137C3

1可以放心走進店裡的居家氛圍 2誠如其名，店內設有火爐

不妨試試
巴西風格早餐？

能一嘗巴西料理的Natural Cafeina，使用巴西原產的水果Açaí製作出營養滿分的巴西莓果碗1100日圓是必點早餐。☎0267-42-3562 ⏰7～19時（7～9月為～20時，冬季為8～18時30分）休週三（夏季無休，冬季需洽詢）MAP P137D3

追加推薦這一道
完全不添加蛋與牛奶製作的彈嫩鬆餅480日圓

BLT三明治620日圓・果汁430日圓
6時30分～12時30分
培根的煙燻香氣與油脂的甘甜在口中擴散開來，附上優格、水果，分量飽足。

中輕井澤
べるきゃびん かふぇ あんど げすとはうす ☺OK（僅限露台）

BELL'S CABIN Cafe & Guest House

6時30分開店，自製培根的BLT三明治享有高人氣！

在中輕井澤開業達25年的歐風民宿重新改裝為咖啡廳＆民宿，自家燻製從信州蓼科的牧場進貨的SPF豬肉所製成的培根備受好評，早餐供應BLT三明治。

☎0267-45-1963 住輕井沢町長倉2348-12 ⏰6時30分～12時30分（10～3月為7時30分～）休週四、第4週三（冬季不定休）交信濃鐵道中輕井澤站步行12分 P12輛 MAP P141D2

1位在閑靜的住宅區
2將民宿的餐廳作為咖啡廳經營

追加推薦這一道
內部口感軟綿的德式鬆餅980日圓

鮭魚歐姆蛋
1180日圓
6時30分～14時
（11～3月為7時30分～）
可依喜好淋上檸檬汁享用，附澎鬆的約克夏布丁麵包。

南輕井澤
しぇりだん ☺OK（僅限露台）

SHERIDAN

品嘗芝加哥風味為一天充飽電

可以吃到美國芝加哥風味早餐的咖啡廳，除了有以烤爐烘烤的歐姆蛋，還有以鑄鐵鍋上菜的溫蔬菜1280日圓等少見菜色。雖然每一道都是大分量，卻有著簡樸調味而讓人一口接一口。

☎0267-31-6005 住輕井沢町発地1166-50 ⏰6時30分～14時（11～3月為7時30分～）休週三 交JR輕井澤站車程15分 P9輛 MAP P138B2

建築物參考法蘭克・洛依・萊特的風格，店內採時尚的美式餐館風格

📖 Café Le Petit Nid 3有推出限量早餐，熱騰騰的法式吐司1000日圓需事先預約。

藉由活用當地食材的養生和食溫暖身心

若想撫慰舟車勞頓之苦，就靠風味溫和的和食。
師傅大展身手、細緻而華麗的佳餚將療癒您的身心。

中輕井澤 OK(僅限露台包廂)

しょうすいあん かるいざわ こうげんとうふ

松水庵 軽井沢 高原とうふ

以宴席形式品味店家引以為傲的豆腐

透過宴席形式供應以長野縣產的大豆及清水製作的自製豆腐和當令食材，午間全餐為2700日圓～。

☎0267-46-9215 住軽井沢町長倉2450-2 ⏰11～20時LO(夏季為～20時30分LO) 休週二 交JR軽井澤站搭計程車7分 P10輛 MAP P141D3

午間全餐示例

〈菜單〉
午間全餐櫻草	4104日圓
晚間全餐山吹	6480日圓
晚間全餐辛夷	9180日圓

重點菜色

生吃手撈豆皮1296日圓

也可以坐在面朝庭園的包廂

午間限定、數量有限的蔬菜散壽司蓋飯

〈菜單〉
牛排御膳	4150日圓
烤魚御膳	3850日圓
迷你全餐	4500日圓～

重點菜色

分量紮實的牛排蓋飯2800日圓也是人氣菜色

重視幽靜氣氛的店家

新輕井澤 NG

たん

覃

樂享用心和食料理

可以在只有四張餐桌的沉穩空間內品嘗口味溫和的和食，特別推薦將30多種蔬菜各別用心調製成的蔬菜散壽司蓋飯1850日圓。

☎0267-41-5131 住軽井沢町軽井沢1157-9 ⏰12～14時、17時30分～21時(午晚皆需預約) 休週三、週四 交JR輕井澤站步行15分 P3輛 MAP P137C2

南輕井澤 OK(需洽詢)

みくりや

御厨 MIKURIYA

釜鍋炊製飽滿白飯的和風定食

宛如來到「鄉下阿嬤家」一樣能愜意放鬆的餐廳，吃得到以釜鍋炊製合鴨農法耕種出的稻米而成的白飯，搭配用上自家農園蔬菜的和風定食。御厨風餡蜜等甜品也很受歡迎。

☎0267-41-6741 住軽井沢町発地2127 ⏰8～21時(14～17時為下午茶時間) 休週二(黃金週、7～9月無休) 交JR輕井澤站搭計程車15分 P20輛 MAP P138A3

〈菜單〉
御厨風山藥泥御膳	1450日圓
天然羅竹籠蕎麥麵	1520日圓
御厨風餡蜜	640日圓

2016年12月移至後新開幕

來點口味溫和的
茶粥暖暖心

佇立於矢崎公園旁邊的カフェ来美的人氣餐點是茶粥套餐1000日圓，將粉茶煮開後放入加了紅豆的茶粥，附上醬菜、烤麻糬等。☎0267-31-5110 ⏰8時～售完打烊 休不定休 MAP P137D3

南輕井澤 NG
かるいざわ いおり おおしま

軽井沢 庵 大嶋

蔬菜為主的養生日本料理

將從茶懷石學來的技術加以發揮，藉以推出高雅風味的菜餚。秋季推薦松茸、冬季推薦河豚料理。若有不敢吃的食材請在預約時洽詢。

☎080-4345-2009 住軽井沢町長倉646-1
⏰12～14時LO、18～20時LO（午晚皆需預約）
休週二 交JR輕井澤站搭計程車7分 P10輛
MAP P138B2

午餐的主廚推薦料理示例

《菜單》
今日主廚推薦 午　1750日圓（季節限定）
今日主廚推薦 晚　5500日圓～

重點菜色

餐後會送上使用當令食材等製作的冰淇淋

只有4張桌椅，請盡早訂位

《菜單》
鐵鍋燉煮漢堡排　2365日圓
五彩蔬菜佐黑醋信州豬柳　1944日圓
※午餐附上米飯、味噌湯、醬菜

五彩蔬菜佐黑醋豬柳

再來一道
葉菜沙拉
1210日圓

晚間有多款葡萄酒和日本酒可供選擇

舊輕井澤 NG
れすとらんすじゅうまさゆき

レストラン酢重正之

吃得到大量信州食材的午餐

由味噌與醬油的專賣店——酢重正之商店監製，可以品嘗到採用信州食材和自製調味料所烹製的和食，以銅釜鍋煮出的白飯與信州味噌的味噌湯也非常美味。

☎0267-41-2007 住軽井沢町軽井沢6-1
⏰11～21時LO（夏季為～22時LO）休無休 交舊輕井沢巴士站步行即到 P有（17時～可停車）
MAP P136A2

舊輕井澤 NG
すみびやきとりこみやま

炭火焼鳥こみやま

滿滿高原美味的和食

吃得到以備長炭當場炙烤的德島產阿波尾雞和群馬縣產雞肉等，晚間雖以全餐為主，午間可用實惠價格品嘗親子蓋飯或雞肉末蓋飯1230日圓、肥肝醬蓋飯1950日圓等3種蓋飯（含小菜、味噌湯、醬菜）。

☎0267-42-9950 住軽井沢町大字軽井沢
196-10 ⏰11時30分～14時LO、17～22時LO
休週三（黃金週、夏季無休、冬季為週二、三休）
交舊輕井沢巴士站步行2分 P無 MAP P24

親子蓋飯1230日圓，富彈性的雞肉與軟嫩雞蛋形成絕妙好滋味

《菜單》
雞肉串燒　360日圓～
烤雞肉丼
（午餐限定6份）　1390日圓

面朝三笠通的店面

📖 レストラン酢重正之對面的姐妹店「酢重正之商店」有販售自家製的味噌和醬油等。

輕井澤的在地名產
師傅大展絕活的極品蕎麥麵

對蕎麥麵的磨粉方式、擀麵手法萬分講究的名店
品嘗信州輕井澤的美味蕎麥麵吧。

盛蕎麥麵　880日圓
磨成較粗粉粒後擀成細麵的手打蕎麥麵，十分順喉又有濃郁香氣

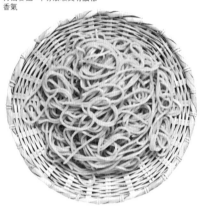

為什麼輕井澤的蕎麥麵這麼好吃？
早晚溫差大與純淨水質是種植蕎麥時不可或缺的條件，也因為如此，在輕井澤等信州的高原地帶特有的氣候與土壤孕育出的蕎麥麵才會如此美味。

南輕井澤　😺OK (僅限露台)
いしうすびきそば とうま

石臼挽き蕎麦 東間

新鮮的蕎麥麵風味格外出眾

嚴選的日本產蕎麥果實，每天早上只會以石臼研磨當天所需的分量，也有不少人是為了追尋香氣濃郁的蕎麥麵而從遠方來訪，放置超過3年的本枯節熬煮出的醬汁爽口香辣。午間全餐為1850日圓〜，晚間為火鍋全餐4100日圓〜、蕎麥懷石4900日圓〜，單點料理選擇也相當豐富。

☎0267-44-6566　住輕井沢町発地1398-58
⏰11〜15時、18〜20時(全餐需預約)　休週二(7〜9月無休)　🚌柳橋巴士站步行1分　🅿12輛
MAPP139C2

走和式摩登風的店內

> 再來一道

炸牛蒡
1050日圓
將削成薄片的牛蒡炸至酥脆的菜色，分量可供2〜3人分享

南輕井澤　😺NG
じゅうわりさらしなそば しなの

十割さらしな蕎麦 志な乃

以淺間山伏流水製作的百分百蕎麥麵

可在此品嘗不添加麵粉等、100%蕎麥粉的十割蕎麥麵。可品嘗用蕎麥芯製作的「おらが蕎麥麵」1050日圓、連皮一起磨製的「田舍蕎麥麵」1000日圓等，依照蕎麥果實各別推出的菜色也是賣點，也推薦當季蔬菜的天麩羅拼盤800日圓。

☎0267-44-1830　住輕井沢町長倉746
⏰11〜15時、17〜19時(晚間營業僅限週六、日)　休週二　🚌JR輕井澤站搭計程車10分　🅿20輛
MAPP138B1

木頭質感的溫馨空間

> 再來一道

高湯玉子燒
500日圓
淋上帶有勾芡高湯的厚燒蛋捲

更科蕎麥麵
1100日圓
由於只使用蕎麥芯而擁有麵條白皙的特徵，散發高雅香氣

內行人都知道的信濃追分人氣店家

位於國道18號上的「追分そば茶家」是當地很受歡迎的餐廳，不但有盛蕎麥麵810日圓，也推薦加入7種山菜的山菜蕎麥麵1190日圓、天麩羅蒸籠蕎麥麵1730日圓。
☎0267-45-1415 (MAP)P140B3

南輕井澤 🐾OK（僅限露台）

しんしゅうそばどころ きりさと

信州そば処 きりさと

風味醇厚的石臼研磨蕎麥麵

以石臼自行磨粉的蕎麥麵有著顆粒微粗的口感，能飽嘗其獨特的風味和順喉感，與較濃醇的麵汁也非常對味。除了附上炸蝦與炸蔬菜等天麩羅拼盤的きりさと套餐1970日圓外，也備有餡蜜830日圓等甜品可供選擇。

☎0267-42-8585 (住)輕井沢町輕井沢1075-20 (時)11～20時(售完打烊) (休)週二(5～11月無休) (交)JR輕井澤站搭計程車3分 (P)20輛 (MAP)P139C1

盛蕎麥麵 830日圓
將特調過後的蕎麥果實以石臼研磨出的二八蕎麥麵，品嘗絕佳順喉感

再來一道

網烤鴨里肌肉 1130日圓
十分下酒的一道菜，有著軟嫩又多汁的好滋味

店內有45席，也有露台座

舊輕井澤 🐾OK（僅限露台）

かるいざわ かわかみあんほんてん

輕井沢 川上庵本店

在時髦空間品嘗招牌蕎麥麵

以舒適愜意空間為賣點的蕎麥麵店，能品嘗以石臼磨出香濃風味的手打蕎麥麵。提供鴨肉蒸籠麵和天麩羅蒸籠麵等，還有三種豆腐拼盤等使用在地食材的單點料理選項也相當豐富。晚間時段可以來小酌搭配單點料理，最後再來份蕎麥麵收尾。

☎0267-42-0009 (住)輕井沢町輕井沢6-10 (時)11～21時LO(旺季～22時LO) (休)無休 (交)自輕井沢巴士站步行即到 (P)使用專用停車場(17時～) (MAP)P136A2

蒸籠蕎麥麵 950日圓
顆粒較粗的二八蕎麥麵，核桃醬蒸籠蕎麥麵為1296日圓

再來一道

七彩蔬菜的溫製沙拉 896日圓
將當令蔬菜淋上以義大利香醋為基底的淋醬來品嘗

也設有露台座，開闊的店內

信濃追分 🐾NG

そばどころ ささくら

蕎麦処 ささくら

來嘗嘗辣味的著名蕎麥麵

以北信地區的鄉土料理辣蘿蔔榨汁麵而著稱，只要吃過一次就會愛上辣味蘿蔔的麻辣感。店家是以淺間山麓和赤城深山產的當地麵粉為主原料自行製麵，人氣的石臼研磨蕎麥麵900日圓數量有限，想吃請早。晚間則會搖身一變為供應單點料理的居酒屋。

☎0267-46-5577 (住)輕井沢町追分655-3 (時)11時30分～15時、17～21時(LO為各30分前) (休)週二(冬季不定休) (交)信濃鐵道信濃追分站搭計程車5分 (P)12輛 (MAP)P140B1

辣蘿蔔榨汁蕎麥麵 980日圓
沾上辣味蘿蔔葡榨汁品嘗，可依喜好加入味噌或柴魚片

再來一道

蕎麥果實的可樂餅 2個560日圓
以蕎麥果實代替馬鈴薯製作，豆皮麵衣的酥脆口感也很讚◎

店家位在追分古道上

📖 石臼挽き蕎麦　東間也設有露台座，十分推薦在天氣晴朗時坐在陽傘下用餐。

鮮嫩的在地蔬菜才是主角
吃得到美味高原蔬菜的餐廳

若提到輕井澤的代表性食材，絕非高原孕育出的蔬果莫屬。
以下為您介紹能盡情品嚐令蔬菜的餐廳。

午間全餐
3300日圓～（5%服務費另計）
前菜及主菜、甜點可從3～4種中自選，附上
濃湯、甜點、飲品等。還有5500日圓、
8700日圓（需預約）可選

我們用了
這些蔬菜！

午間全餐
3000日圓～
4道全餐的示例。主餐可從肉類料理或魚
類料理中選擇，附上有機蔬菜沙拉、甜點
等

我們用了
這些蔬菜！

南輕井澤 🐾NG
むさいあん いけだ

無彩庵 池田

滿滿季節蔬菜的休閒法式餐廳

以新鮮的無農藥蔬菜為中心，配
上肉、魚、和風調味料等食材，
再以古典法式手法烹製，從前菜
到甜點都能吃到蔬菜最原始的鮮
甜滋味。

☎0267-44-3930 ⓗ軽井沢町長倉18
91-50 ⓣ11～13時LO、17～20時LO
（冬季有變動）ⓗ週二（逢假日則營業）
ⓧJR輕井澤站搭計程車10分 ⓟ5輛
ⓜ**MAP** P138B1

大量用上從在地契
約農場直送的罕見
西洋蔬菜及香氣豐
醇的香草、鮮甜的
根菜類等

新輕井澤 🐾OK（僅限露台）
かるいざわほてる ろんぎんぐはうす やさいがおいしいれすとらん

輕井澤酒店 LONGINGHOUSE
野菜がおいしいレストラン

大啖清一色蔬菜的精緻全餐

北至北海道、南從九州・奄美諸
島到沖繩，蔬菜調理師走訪全日
本各地的講究農家，親自接觸並
確認當地土質後再採買蔬菜。

☎0267-42-7355 ⓗ軽井沢町軽井沢
1323-522 ⓣ8～9時LO、12～13時30
分LO、18～20時LO（早、中、晚皆採預
約制）ⓗ無休（有維護公休，需洽詢）
ⓧJR輕井澤站搭計程車5分 ⓟ40輛
ⓜ**MAP** P136B3

向契約農家直接進
貨長野縣產的無農
藥有機蔬菜，有時
主廚還會親自在專
用農園耕種

與窗外景致相映成趣的別緻店內

綠意盎然宛如私房景點的閑靜建築

主餐廳的漆黑樑柱令人印象深刻

還設有舒適的露台座

輕井澤的高人氣蔬菜農園

「輕井沢サラダふぁーむ」是不使用農藥和化學肥料來栽種蔬菜的私人農園。
☎090-4461-7803
MAP P141C3

蔬菜多多的早餐1000日圓
可以吃到新鮮蔬菜沙拉、熱騰騰湯品等超過10種的蔬菜，也有飯糰套餐（營業時間內隨時都可點餐）

香草雞三明治 1296日圓～
還附上鮮採蔬菜沙拉的分量飽足盤餐，可搭配高品質的紅茶或中國茶一同享用

新輕井澤　OK（僅限露台）
こかげ かふぇ

cocage café

使用超過10種蔬菜的豐盛早餐

入店必須脫鞋，就好像來到朋友家一般令人放鬆的住宅風咖啡廳。還有使用莫札瑞拉起司的起司吐司450日圓、醋栗醬優格飲料500日圓（照片右）、加入自製款冬味噌的款冬味噌披薩800日圓等單點料理。
☎0267-42-3330 住輕井澤町長倉2013-1
⏰10～16時 休週日、週一 交JR輕井澤站車程10分 P7輛 MAP P136B3

我們用了這些蔬菜！
蔬菜盡可能使用信州農產，也用來製作款冬味噌等醃製食品。

散發出家常氣息的店內

新輕井澤　OK（僅限露台）
こくーん てぃー がーでん

COCOON TEA GARDEN

自家農園產的蔬菜盛滿盤

直徑30cm的大盤上盛滿了自家農園的蔬菜及夾入和牛可樂餅的巨大三明治或披薩麵包三明治等菜色的盤餐為1080日圓～享有超高人氣。
☎0267-42-7864 住輕井沢町輕井沢1323-496 ⏰9～16時(8月有早餐時段8時30分～10時30分) 休週三（夏季無休，冬季不定休）交JR輕井澤站步行7分 P15輛 MAP P137D2

我們用了這些蔬菜！
僅使用栽種於自家農園的有機蔬菜，其中特別推薦能吃到自然甘甜的桃太郎番茄

除了店內座位，也備有林木環繞的露台座

輕井澤蔬菜的美味秘密？

輕井澤近郊是海拔900～1200m的高原地帶，早晚的溫差與這個地區產生的霧氣水分會增加蔬菜的甘甜，孕育出鮮嫩的蔬菜。

買得到新鮮蔬菜的店

舊輕井澤
しらいししょうてん

白石商店

照顧在地人腸胃的蔬果店

店面設於舊輕井銀座通的入口，創業60年的蔬果店，店門口總是擺滿當令蔬菜。☎0267-42-2503 住輕井澤町輕井沢810 ⏰7～19時（有季節性變動）休無休（1～3月週四休）交輕井沢巴士站步行即到 P無 MAP P24

中輕井澤
じぇいえいさくあさまかるいざわちょくばいじょ

JA佐久淺間輕井沢直売所

以實惠價格採買農家直送在地蔬菜

店家獨創的萵苣燒酒1080日圓非常受歡迎。
☎0267-45-5086 住輕井沢町長倉2966 ⏰9時30分～16時30分(8月為9時～) 休週三（8月無休，12月中旬～4月下旬公休）交信濃鐵道中輕井澤站步行5分 P80輛 MAP P141D3

📖 位於北輕井澤的嬬戀村以「日本第一高麗菜產地」遠近馳名，夏秋產高麗菜的出貨量為全日本第一。

老字號&人氣烘焙坊的知名麵包大評比

過去由外國避暑遊客引進，從早年便盛行製作麵包的輕井澤，
在此整理出長年來備受喜愛的老字號&人氣烘焙坊的招牌麵包。

水果裸麥麵包
1253日圓
添加葡萄乾、橙皮、核桃、杏仁的裸麥麵包

出爐時間 8:00左右

法國麵包
324日圓
店家的招牌商品，外皮酥脆飄香、裡頭口感Q軟，加熱也好吃◎

出爐時間 8:00左右

鄉村麵包 蔓越莓&起司
335日圓
麵團揉入大量蔓越莓和奶油起司的天然酵母麵包

出爐時間 9:00左右

鮮奶餐包
389日圓
使用大量牛乳與雞蛋的樸實風味，廣受各個年齡層喜愛

出爐時間 8:00左右

輕井澤藍莓
100g216日圓～
以法國麵包的麵團包裹住藍莓麵團

出爐時間 10:00左右

鹽味牛角麵包
151日圓
烘烤前才撒上鹽巴，出爐時呈現酥脆口感，不妨早餐來一個

出爐時間 8:00左右

舊輕井澤
ぶらんじぇあさのや かるいざわきゅうどうほんてん

BOULANGERIE ASANOYA 輕井澤舊道本店

以石窯烘烤出爐的麵包琳瑯滿目

昭和15年（1940）開店，早期便相當重視歐洲的傳統麵包製法，使用落葉松和山毛櫸的木柴，以西班牙製的石窯烘製麵包。

☎0267-42-2149 住輕井澤町輕井沢738 ⏰8～18時（夏期為7～21時）休無休 交旧輕井沢巴士站步行6分 P無 MAP P25

附設內用專區

舊輕井澤
ぶらんすべーかりー

French Bakery

傳承至今的溫和風味麵包

昭和26年（1951）由萬平飯店的烘焙坊主廚所開店，約翰・藍儂也曾造訪。堅守古早製法的第三代店主持續製作出風味簡樸的麵包。

☎0267-42-2155 住輕井沢町輕井沢618 ⏰8～17時（夏期為7～18時）休週四（11～4月休，5～10月無休）交旧輕井沢巴士站步行6分 P無 MAP P25

隨時擺出超過60種口味的熱騰騰麵包

※出爐時間為約略值，會因每日狀況有所變動。

把沾醬連同麵包
一起買回家吧

來到BOULANGERIE ASANOYA 輕井澤舊道本店，能買到信州SPF豬肉醬、信州黃金門雞的雞肝醬等與麵包十分對味的沾醬，每種都很適合搭配法國麵包或全麥麵包。

奶油起司核桃麵包
1個302日圓

在包入核桃的麵團內加上大量奶油起司後烘烤而成

出爐時間 8:00左右

果乾核桃麵包
460日圓

緊實包入果乾及核桃等餡料，十分有飽足感

出爐時間 視每日狀況有所變動

出爐時間 7:00左右

信州產蘋果的蘋果派
1個486日圓
（季節限定）

使用紅玉和秋映2個品種煮出的糖煮蘋果

このみ
330日圓

材料有麵粉、鹽、水、堅果，特別選用生吃也很好吃的果仁

出爐時間 視每日狀況有所變動

紅酒禮物麵包信州
3888日圓
（半條1944日圓）

麵團摻入信州葡萄酒，再加上滿滿的堅果及果乾

布里歐許
130日圓

使用發酵奶油與牛乳製作出口感滑順的麵包

出爐時間 7:00左右

出爐時間 視每日狀況有所變動

中輕井澤
ぺーかりーあんどれすとらんさわむら

BAKERY & RESTAURANT SAWAMURA

使用嚴選食材和天然酵母的麵包琳瑯滿目

使用4種天然酵母與約15種麵粉依照不同麵包分別烤製而成。以硬質麵為主，再加上糕點和鹹麵包等五花八門的品項。

☎0267-31-0144 住輕井沢町星野楠樹曲小鎮內 時7～21時（餐廳為11～21時LO，兩者皆有季節性變動）休無休 交JR輕井澤站南口搭免費接駁巴士15分 P200輛 MAP P141D2
附設餐廳

中輕井澤
はるたかるいざわ

haluta karuizawa

無論硬麵包或甜麵包都一網打盡

中輕井澤的高人氣烘焙坊，展示櫃裡頭擺滿超過20種口味的熱騰騰麵包，也有販賣咖啡350日圓～，可內用。

☎0267-31-0841 住輕井沢町中輕井沢3018-3 時9～16時（售完時～15時）休週二等 交信濃鐵道中輕井澤站步行5分 P5輛 MAP P141D3

時尚的店內還有一區兼販賣雜貨

輕井澤的必買伴手禮
果醬&乳製品

由傳教士直授的果醬和使用新鮮牛奶製成的乳製品最適合當伴手禮，
不妨來看看對食材做法皆十分講究的名店熱銷商品吧。

日本產水果製的無添加果醬名店
舊輕井澤
さわや きゅうかるいざわてん／きっささろん
沢屋舊輕井澤店／喫茶サロン Ａ
☎0267-42-8411 住輕井沢町輕井沢746-1 ◷9～18時(8月為～19時) 休無休(1、2月不定休) 交舊輕井沢巴士站步行5分 P無 **MAP**P25

創業超過100年的老牌果醬店
舊輕井澤
なかやまのじゃむ
Nakayama's Jam Ｂ
☎0120-338-332 住輕井沢町輕井沢750-1 ◷9～18時(夏季有延長營業) 休無休 交舊輕井沢巴士站步行5分 P無 **MAP**P24

堅守俄羅斯人直授的製法
舊輕井澤
じゃむこばやし
JAM KOBAYASHI Ｃ
☎0267-42-2622 住輕井沢町輕井沢710 ◷10～18時冬季為～17時(適假日則營業，8月無休) 交舊輕井沢巴士站步行8分 P無 **MAP**P25

由工廠直送的自製起司專賣店
新輕井澤
あとりえ・で・ふろまーじゅ かるいざわばいてん ちーずじゅくせいじょ
Atelier de Fromage 輕井沢売店 チーズ熟成所 Ｄ
☎0267-42-7394 住輕井沢町輕井沢東18-9 ◷10～18時(有季節性變動) 休不定休 交JR輕井澤站步行5分 P2輛 **MAP**P137D3

從牧場進貨的乳製品琳琅滿目
舊輕井澤
かるいざわぶっさんかん
輕井沢物産館 Ｅ
☎0267-42-2299 住輕井沢町輕井沢571-2 ◷10～18時(夏季無休，冬季週四) 休週四(夏季無休，冬季週四) 交舊輕井沢巴士站步行2分 P無 **MAP**P24

熱銷！

草莓牛奶醬
260g 1512日圓 Ａ
淺間山麓產的濃醇香甜牛奶加上草莓的酸甜，也有小瓶裝

紅玉蘋果醬
270g 810日圓 Ａ
使用酸味突出的信州產紅玉蘋果，不會過甜而享有高人氣，也有小瓶裝

果醬
說到輕井澤名產非果醬莫屬，在講究古早製法的專賣店裡頭有成排的當令果醬。

必買！

淺間藍莓醬
270g 1188日圓 Ｂ
將創業當時的食譜傳承至今的傳統果醬，加入紅茶飲用也好吃◎

草莓醬
270g 972日圓 Ｂ
完整保留果肉原狀的果醬，吃得到草莓的顆粒感

大黃醬
285g 648日圓 Ｃ
以砂糖熬煮後會變成類似水果風味的蔬菜醬，含豐富纖維

熱銷！

三寶柑橘醬
285g 864日圓 Ｃ
使用和歌山縣特產品製作的珍貴果醬，風味比甘夏蜜柑更香醇

栗子醬
285g 972日圓 Ｃ
飄散出濃濃栗子味，抹上麵包當成和菓子享用也很好吃

來老牌果醬店體驗製作果醬

在輕井澤最具代表性的果醬名店沢屋的果醬工廠可以參觀工廠及體驗製作果醬，參觀工廠導覽1人2800日圓（預約需2人以上）。

☎0267-46-2400  MAP P138A2

斯卡莫札起司
100g 778日圓 **D**
葫蘆型的起司，可用平底鍋煎至融化後享用

必買！

必買！

輕井沢物產館牛乳
200ml 200日圓 **E**
(外帶則220日圓)
以瓶裝販售北輕井澤產新鮮牛乳的店家獨創品牌

 必買！

康門貝爾起司
100g 972日圓 **D**
口味濃醇香的起司，直接切片搭配葡萄酒品嘗

乳製品
從輕井澤近郊牧場直送的乳製品也是輕井澤的一大名產，不妨來嘗嘗新鮮的牧場美食。

優酪乳
150ml 200日圓 **E**
香濃的娟珊牛乳加上寡糖，喝起來清爽順口

 熱銷！

輕井澤起司
100g 1188日圓 **D**
在輕井澤熟成的半硬質型洗浸式起司

原味優格
400g 410日圓 **D**
好吃不膩口的原味，內含6種乳酸菌的功效有益健康◎

什麼都賣的超市是伴手禮天堂！

南輕井澤
つるやかるいざわてん

TSURUYA 輕井澤店

別墅族御用的超大型超市

網羅蔬菜水果、生鮮食品等品項，多元程度堪稱輕井澤第一，職業廚師和別墅族也是常客，超市自有品牌的商品也是超過100種以上。

☎0267-46-1811
住輕井沢町長倉2707
⏰9時30分～20時（7～9月為9時～）休不定休交JR輕井澤站搭計程 車10分 P400桶
MAP P138A1

國產檸檬奶油
410日圓
注重檸檬原始的風味與香氣，再加上奶油讓口感更加滑順

丸山珈琲
TSURUYA特調
110g 431日圓
輕井澤的名店 丸山珈琲（☞P71）推出的TSURUYA特調風味

生七味
259日圓
以日本產嚴選食材製作的七味，口味比粉末還要溫和，配什麼都好吃

RYUGAN
720ml 1502日圓
以長野縣善光寺平產的葡萄釀製而成，是微甘型的白葡萄酒

📖 輕井沢物產館的店門口還有販售從神津牧場直送的娟珊牛乳的霜淇淋350日圓。

為尋求小諸、東御的葡萄酒與水果
不妨再將行程拉得更遠一些

釀酒用葡萄在此蓬勃生長並以「千曲川葡萄酒谷」而備受矚目的小諸、東御地區，在此能將日照時間長、充分吸收陽光的水果製品帶回家當伴手禮。

▲在能飽覽葡萄園的餐廳la Comoro
可嘗到使用當地食材烹調的菜餚

▲隨不同時期能品嘗各種風味的蘋果
▶7月上旬～8月中旬可體驗採藍莓

小諸／酒莊
まんずわいんこもろわいなりー
MANNS WINE KOMORO WINERY

來參觀工廠並悠閒享用餐點

在小諸和勝沼設有酒莊的MANNS WINE，小諸這家從栽種葡萄到裝瓶一手包辦，可以參觀製造過程，在商店還能試喝多款自家公司的葡萄酒。

☎0267-22-6341 住小諸市諸375 ¥免費參觀 ①9～16時30分 休無休(有臨時公休) 交JR·信濃鐵道小諸站車程10分 P50輛 MAP P134A2
●參觀導覽:受理 9～11時30分、13～15時30分，所需約30分鐘

▶務必來試試高級
葡萄酒「SOLARIS」

小諸／觀光農園
まついのうえん
松井農園

能玩上一整天的正統蘋果園

位在淺間山麓海拔1000m處的觀光農園，種植1500棵、超過20種的蘋果。可以戶外烤肉或以炭火烘烤釣上來的魚的釣虹鱒活動也頗受歡迎。

☎0267-22-0881 住小諸市甲4385 ¥採蘋果:8月上旬～12月上旬，800日圓(現採吃到飽) ①9～17時 (有季節性變動) 休無休 交JR·信濃鐵道小諸站車程5分 P80輛 MAP P134B2

東御／酒莊
うぃらですと がーでんふぁーむ あんど わいなりー
VILLA D'EST
GARDENFARM AND WINERY

向葡萄酒和農園料理舉杯

散文家兼畫家的玉村豐男所開設的酒莊，廣達7萬m²的田野上種植約2萬棵葡萄樹。咖啡廳內可搭配葡萄酒品嘗將自家農園的蔬菜及香草入菜的料理。

▼立地坐擁一流景觀

☎0268-63-7373 住東御市和6027 ¥免費入場 ①10時～日落 休無休(12月下旬～3月上旬為冬季關園) 交信濃鐵道田中站車程10分 P40輛 MAP P134A2
●參觀導覽:週六日、假日的13時～、15時～，所需約20分，人數10人，不需預約

▲印有玉村豐男插畫的廚房用品也很熱門

▲午間全餐3600日圓範例

▲輕鬆體驗
摘採活動

小諸／觀光農園
ゆめはーべすとのうじょう
夢ハーベスト農場

一望無際的藍莓田和薰衣草田

來藍莓園和多達1萬株的薰衣草田體驗摘採的活動非常受歡迎，在能眺望八岳的咖啡廳內能一嘗田園午餐和藍莓鬆餅等餐點。

☎0267-25-9255 住小諸市八満2157-2 ¥入園500日圓～ ①10～17時 休週四(6～8月無休，冬季關園) 交JR·信濃鐵道小諸站車程12分 P40輛 MAP P134B2

位於淺間Sun Line沿路的休息站「公路休息站雷電くるみの里」產地直銷多種水果等農產品，還有鄉土美食店。☎0268-63-0963 MAP P134A2

老字號度假勝地獨有的
舒適下榻時光盡在這裡

既然都來到了輕井澤，一定想好好享受住宿時光。
這裡有設施充足的度假飯店及老字號旅館等，
住宿設施的類型也可說是千般萬樣，
不妨依照旅遊方式來挑選。

好想住一次看看的夢幻旅宿
在綠意環繞下感受頂級住宿

下榻於融入大自然、以體現輕井澤風情之立地為亮點的旅宿，
在用心的日式服務與奢華空間中度過頂級美好時光。

中輕井澤

ほしのやかるいざわ

虹夕諾雅輕井澤

**在淺間山麓的谷地聚落
度過悠然時光**

在善用山谷地形的河川沿岸，散布
著共77間的離屋客房。綠意充沛的
樹林與梯田的水聲、在水面上的路
燈等，將造訪山谷聚落風景的遊客
帶往異於日常的空間。除了日本料
理「嘉助」外，還有周邊的榆樹街
小鎮（☞P58）等餐廳可選也是其魅
力所在。提供餐點、水療護膚、溫
泉等能透過整個住宿行程來調節身
體的水療療程，以及用到溫泉的活
動等，這裡備有各式各樣的住宿方
案。也可以到圖書室閱讀、泡泡溫
泉，以自己的方式度過奢華時光。

☎050-3786-0066 ᴴ輕井沢町星野 ᴴ無
休 ᴹJR輕井澤站南口搭專用接駁巴士15分
ᴾ提供接送 ᴾ78輛 ●鋼筋 ᴹ離屋77間
●2005年7月開業 ●泉質：碳酸氫鈉泉、氯
化鈉泉 ●浴池：室內2 露天2
MAP P141D2

········· 費用 ·········
1泊1房餐點另計（2人1房）
÷72000日圓～
① IN 15時／OUT 12時
※住宿一般需2泊起

⁂Note

星野溫泉蜻蜓之湯（☞P68）早上設
有房客專用時間，可以愜意享受晨
間溫泉。

1 位處聚落中央的建築物內的主
餐廳「嘉助」 **2** 客房除了有水波
（如圖）外，還有山路地、庭路地等
3種房型，隔間及大小、陳設等都
截然不同 **3** 彷彿漂浮在河川上
並採分離形式的客房林立，能近距
離接觸大自然度過閒適時光 **4**
「嘉助」的「山之懷石」14256日圓

ᴹ源泉放流 ᴹ客房服務 ᴹ有美體護膚 ᴹ有禁煙房 ᴹ有大浴池 ᴹ可上網 ᴹ可單獨住宿

藉由虹夕諾雅水療洗滌身心

就讓虹夕諾雅的水療護膚療程來讓身心重拾元氣，油壓療程80分19008日圓～，指壓、針灸、溫灸80分22572日圓～。
☎050-3786-0066
MAP P141D2

舊輕井澤
まんぺいほてる
萬平飯店

洋溢著老字號飯店的風情
輕井澤首家西洋飯店

明治27年（1894）年創業以來均以不變的待客之道進行款待，深受日本的政商名流和文人、外國避暑遊客喜愛至今，也因約翰·藍儂曾是常客而名聞遐邇，在Cafe Terrace還能品嘗到經藍儂要求而生的皇家奶茶856日圓。客房分成以輕井澤木雕家具作擺設、融合日西風格的室內設計為特色的阿爾卑斯館以及碓冰館等4個區域。以古董家具裝飾的大廳、曾經是紳士淑女社交場域的主餐廳、展示透露飯店歷史之文物的史料室也不可錯過。

☎0267-42-1234 **住**輕井沢町輕井沢925 **休**1月中旬～2月中旬 **交**JR輕井澤站搭計程車5分 **P**不提供接送 **P**90輛 **木**造3層樓（阿爾卑斯館）**室**109間 **●**1894年5月開業 **●**浴池：所有客房附浴缸 **MAP** P137D1

❖Note
1976～79年的每年夏季，約翰·藍儂一家都會造訪輕井澤，下榻於萬平飯店的阿爾卑斯館128號房，Cafe Terrace也是藍儂鍾愛的地方。

1 萬平飯店的象徵，也可說是門戶的阿爾卑斯館　**2** 約翰·藍儂曾住過的阿爾卑斯館客房，至今仍有許多粉絲指名要住這間客房　**3** 據說是過去藍儂非常喜愛的鋼琴，展示於飯店內的史料室　**4** 飄散出古典氣息的酒吧，獨創口味的雞尾酒廣受好評

高原度假飯店
獻上舒適的住宿體驗

地處四周林木蔥鬱的位置與能夠飽享當令美味的餐廳等，
以下介紹能盡情享受高原度假區輕井澤樂趣的嚴選飯店。

南輕井澤

ざ・ぷりんす かるいざわ

輕井澤皇家王子大飯店

足以樂享輕井澤魅力的
長住型度假飯店

佇立於輕井澤站南口的一大度假區內，區域內有離車站最近的東館（2017年夏季重新開幕）、網羅日、西、中式餐廳的西館、結合"別墅功能"與"飯店服務"的The Prince Villa Karuizawa、可供團體開心住宿的小木屋等能因應房客各種需求的住宿設施散布四處，其中又以輕井澤皇家王子大飯店擁有能遠眺淺間山的位置與沉穩氛圍而獨具魅力。由於飯店有提供接送服務，想以輕井澤站為據點進行觀光或是想多逛逛鄰接的輕井澤王子購物廣場，都很推薦下榻於此。

☎0267-42-1112 住輕井沢町輕井沢 休無休 交JR輕井澤站搭計程車約5分 提供接送 P57輛 鋼筋3層樓 室100間 ●1982年4月開業 MAP P139C2
※冬季有設施維護則休館

❖Note

1樓的BAR WINDSOR是英國風的雅致酒吧，也設有吧台座，即使獨自一人也能放鬆品味世界名酒。

1豐沛大自然環抱的度假飯店　2大落地窗營造開闊感的花園雙床房　3遙望雄偉的淺間山，以磚塊為建材的Dinning Room Beaux Sejours，在此可品嘗使用精選食材烹製的法式料理（需預約）　4洋溢沉穩氛圍的圖書館咖啡廳 龍膽花酒廊

舊輕井澤
ほてるかじまのもり
鹿島森林酒店

來名門飯店感受
傳統輕井澤假期

聳立在約3萬3000㎡大的鹿島之森中的飯店，客房的室內設計既簡單又摩登，2樓所有房間皆設有陽台。被野鳥鳴聲喚醒後，可從後院一路延伸的小徑走向御膳水（☞P22），在讓人神清氣爽的散步後就來份美式早餐吧。來這裡可以在周遭漫步、藉由高爾夫球或騎單車活動筋骨，以下榻別墅的感覺度過假期。

```
········ 費用 ········
1泊2食（2人1房／1人份）
÷平　日　25500日圓～
÷假日前日　27000日圓～
🕐 IN 15時／OUT 12時
```

❋Note
主餐廳提供堅持使用信州食材的晚間全餐12000日圓～，也有許多單點料理。

☎0267-42-3535 🏠輕井沢町輕井沢1373-6 🈑有冬季公休（需洽詢）🚊JR輕井澤站搭計程車8分 🚐不提供接送 🅿50輛 ●鋼筋2層樓 🛏50間 ●1977年7月開業 ●浴池：所有客房附浴缸 🅼🅰🅿P137C1

❶統一採大地色的雙床房　❷在翠綠樹藤下的露台座惬意享受

中輕井澤
かるいざわほてるぶれすとんこーと
Hotel Bleston Court

入住綠意環繞的鄉間小屋
享受美食的度假環境

坐落在森林中的度假飯店，所有客房皆為鄉間小屋形式，像別墅一樣令人放鬆。這裡也以美食飯店著稱，可以在主餐廳享用晚餐，盡是重視並玩賞四季之心的美味佳餚。此外也提供以蕎麥可麗餅為主菜而設計的全餐式早餐、甜點師傅使用當令水果用心製作的色彩繽紛甜點。

```
········ 費用 ········
1泊附早餐（2人1房／1人份）
÷17000日圓～
🕐 IN 15時／OUT 12時
```

❋Note
主餐廳「yukawatan」的法式料理是以輕井澤的自然之美為主題，晚間全餐19440日圓（服務費另計）。

☎0267-46-6200 🏠輕井沢町星野 🈑無休 🚊JR輕井澤站搭免費接駁巴士15分 🚐提供接送 🅿160輛 🛏39間 ●1995年5月開業 ●浴池：所有客房附浴缸，附贈鄰接的「星野溫泉蜻蜓之湯」泡湯 🅼🅰🅿P141D2

❶以白色為基調的設計師鄉間小屋客房　❷綠意蔥鬱的飯店入口

南輕井澤
るぜ・うぃら
RUZE Villa

四周花園環繞的
奢華私房飯店

所有房間皆備有客廳及浴室而散發高級氣息的豪華飯店，以古董家具裝飾的客房和休息室帶給房客彷彿走進歐洲豪宅的感覺，展現出度假村獨有的閒適空間。這裡更鄰接4500株玫瑰與季節花草爭相綻放的輕井澤湖畔花園，打開窗戶便是一片如詩如畫的美景。6月下旬～9月下旬的玫瑰花季容易客滿，請盡早預約。

```
········ 費用 ········
1泊附早餐（2人1房／2人份）
÷36006日圓～
🕐 IN 15時／OUT 11時
```

❋Note
另提供在各個房間內餐廳用餐的晚餐客房服務，6000日圓～（需預約），詳情需洽詢。

☎0267-48-1626 🏠輕井沢町発地渡り道342 🈑12月26日～4月中旬 🚊ニュータウン入口巴士站步行3分 🚐不提供接送 🅿5輛 ●木造2層樓 🛏2間 ●2009年4月開業 ●浴池：所有客房附浴缸 🅼🅰🅿P138B3

❶共5間房的客房皆為套房形式　❷能夠一面眺望私人庭園一面享用早餐

來到輕井澤想試試高原上的推薦住宿

輕井澤擁有各式各樣類型的住宿設施，
可以配合自己的旅遊方式來選擇合適的旅宿。

つるやりょかん

鶴屋旅館

曾吸引許多文人留宿
創業400年的老字號旅館

在江戶時代以鶴屋旅館的名義於中山道開業的日式旅館，從明治到昭和時代有志賀直哉、谷崎潤一郎、芥川龍之介等許多文豪留宿並在此認真寫作，也因此聞名。客房除了有16間和室以外，還備有3間和洋室、6間洋室。館內擺設有昭和初期的家飾，醞釀出積年累月的旅館特有的沉穩氛圍。早餐採自助式吃到飽，晚餐供應用心烹製的日式料理。晚餐後，可以到大浴池泡泡讓輕井澤天然水流過活性石而含有豐沛礦物質的溫泉，讓身體慢慢排汗享受一番。

☎0267-42-5555 住軽井沢町軽井沢678 休無休 交日軽井沢巴士站步行8分 不提供接送 P25輛 鋼筋2層樓(本館) 室25間 江戶時代初期開業 浴池：室內2 MAP P137D1

費用

1泊2食（2人1房／1人份）
❖ 平　日　17820日圓～
❖ 假日前日　18360日圓～
⏰ IN 14時 OUT 11時

✤Note

從江戶時代的"休泊茶屋"時期流傳至今，以溫馨居家的服務深獲好評，甚至有橫跨三代的回頭客。散步前往舊輕銀座也很方便。

1面向舊輕銀座通的大門，也有許多觀光客會在這充滿和風韻味的大門前拍照留念 2風格雅緻的大廳，能讓人感受到輕井澤率先西化的歷史 3置於飯店人廳的輕井澤雕鏡台 4客房位在大正時期建造的奧館內，隨處可見工匠的好手藝

新輕井澤

ほてるまろうどかるいざわ
輕井澤瑪羅德酒店

品道地法國菜享幸福時光

飯店位在矢崎川河畔、遠離喧囂的小巷內。簡單而兼具功能性的客房、可在主餐廳品嘗到大量使用高原蔬菜及道地法國食材的晚間全餐等非常受歡迎。(DATA)☎0267-42-8444 住軽井沢町軽井沢1178 ¥1泊2食 平日14000日圓~ 假日前日16000日圓~ IN15時 OUT11時 休無休 交JR軽井澤站步行10分 提供接送 P60輛 ●鋼筋2層樓 客41間 ●1985年6月開業 ●浴池：所有客房附浴缸 (MAP)P137D2

新輕井澤

ほてるさいぷれすかるいざわ
輕井澤賽普拉斯酒店

以舒適客房為傲的度假飯店

推出內附純50㎡大的雙床併床、或是具備露天浴池的客房等多種房型，更可在大浴池享受按摩浴池和三溫暖度過愜意時光，還有打造成森林風的庭園露台區。(DATA)☎0267-42-0011 住軽井沢町軽井沢東287-1 ¥1泊2食 平日15000日圓~ 假日前日17000日圓~ IN15時 OUT11時 休1月中旬左右有冬季公休（需洽詢）交JR軽井澤站步行15分 提供接送,定時發車 P70輛 ●鋼筋3層樓 客86間 ●1992年5月開業 ●浴池：室內2 (MAP)P137C3

新輕井澤

かるいざわほてる ろんぎんぐはうす
輕井澤酒店 LONGINGHOUSE

2017年全新推出13間新館客房

提供附廚房的洋室、附岩盤浴的洋室等各式各樣的客房。美容棟為女性專用，可享受露天溫泉和岩盤浴等。早、晚餐在附設的「野菜がおいしいレストラン」(☞P100)用餐。(DATA)☎0267-42-7355 住軽井沢町軽井沢軽井沢泉の里 ¥1泊2食 平日10800日圓~ 假日前日14800日圓~ IN15時 OUT11時 休無休（有維護公休）交JR軽井澤站搭計程車5分 提供接送 P40輛 ●木造2層樓 客43間 ●1981年開業 ●浴池：包租露天6 (MAP)P136B3

南輕井澤

ゆとりろかるいざわほてる
ゆとりろ軽井沢ホテル

以滿足多種需求的客房為賣點

使用大理石作為地板的大廳和餐廳，種種細節散發出高雅氣息的飯店。除了洋室與和室外，還有寵物可同行的客房等9種房型，採用當令食材的創意法式晚餐也備受好評。(DATA)☎0570-783-233（訂房中心）住軽井沢町長倉1276 ¥1泊2食 平日15120日圓~ 假日前日17280日圓~ IN16時 OUT11時 休無休 交JR軽井澤站搭計程車18分 提供接送 P60輛 ●鋼筋2層樓 客34間 ●1988年5月開業 ●浴池：室內2 (MAP)P141C3

新輕井澤

きゅうかるいざわ ほてるおとわのもり
輕井澤圭音羽之森酒店

高格調的古典氛圍大加分◎

建築物參考舊三笠飯店(☞P21)打造而成，共8種房型的客房有著以創業當時的家具裝飾的沉穩空間，可從窗戶欣賞中庭美景。(DATA)☎0267-42-7711 住軽井沢町軽井沢1323-980 ¥1泊2食 平日14040日圓~ 假日前日18900日圓~ IN14時 OUT11時 休無休 交JR軽井澤站步行15分 不提供接送 P50輛 ●鋼筋2層樓 客38間 ●1982年7月開業 ●浴池：所有客房附浴缸 (MAP)P137D2

中輕井澤

どーみーくらぶ かるいざわ
多米輕井澤俱樂部酒店

置身別墅般的悠閒住宿環境

佇立於綠意圍繞的別墅地區，洋室使用席夢思的床墊帶來舒適睡眠。裝潢統一成現代和風的和洋室客房則有榻榻米能好好放鬆。晚餐提供法式餐點。(DATA)☎0267-44-3411 住軽井沢町千ヶ滝中区482 ¥1泊2食 平日16800日圓~ 假日前日19800日圓~ IN15時 OUT10時 休有維館日 交JR軽井澤站搭計程車15分 JR中輕井澤站有提供接送 P29輛 ●木造2層樓 客24間 ●2002年8月開業 ●浴池：室內2 露天2 (MAP)P141D1

中輕井澤

あーとほてる うぃらいれぶん
ART HOTEL VILLA11

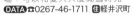

狗狗也能入住的設計師飯店

達1000坪的占地內僅設13房的奢華設計，具備天然草皮的狗狗運動場，可以和愛犬共度閒適時光。(DATA)☎0267-46-1711 住軽井沢町千ヶ滝2147 ¥1泊2食 平日8000日圓~ 假日前日10000日圓~※室內犬1泊3000日圓（2隻起為1隻2000日圓,限未滿10kg的室內犬）IN16時 OUT11時 休有冬季公休（需洽詢）交JR軽井澤站搭計程車15分 不提供接送 P12輛 ●鋼筋2層樓 客13間 ●2011年4月開業 ●浴池：所有客房附浴缸 (MAP)P141D1

信濃追分

りぶまっくすりぞーと
かるいざわふぉれすと
LiVEMAX RESORT
KARUIZAWA-FOREST

參考宮殿打造的優雅飯店

內有中庭與泳池的建築物令人宛如置身西亞牙宮殿。客房以雙床房為主，也有和洋室及寵物同住房。(DATA)☎0267-45-2800 住軽井沢町長倉4957-7 ¥1泊2食 雙床房12500日圓~（視季節而異）IN15時 OUT11時 休無休（冬季需洽詢）交信濃鐵道信濃追分站步行10分 不提供接送 P40輛 ●鋼筋2層樓 客40間 ●2014年4月開業 ●浴池：露天2 (MAP)P141C3

來到小諸想嘗試一下的獨特旅館

高原、北國街道的驛站城鎮、斜坡小城、文學之都，
在這片風情萬種的土地上有太多介紹不完的個性派旅宿。

小諸市區
なかだなそう
中棚莊

與島崎藤村頗具淵源的旅館

曾出現在島崎藤村「千曲川旅情之詩」中的「靠岸旅宿」，是一間服務窩心的旅館，擁有據說有美肌和消除疲勞功效的溫泉，並將小諸的自然與文化融入館內的每個角落。自製葡萄酒「梅洛」、「夏多內」也是亮點。

DATA ☎0267-22-1511 住長野縣小諸市古城乙1210 交JR、信濃鐵道小諸站步行15分 P30輛 ¥1泊2食11556日圓～ IN14時／OUT11時 ●共27間 ●泉質：鹼性低滲性溫泉 ●浴池：室內2 露天2 ●1898年創業 MAP P134A3

1 正門前 2 水明樓下方的山崖還有本旅館的偶像山羊 3 大廳的書架擺滿書籍

菱野溫泉
ときわかん
常盤館

需搭登山電車前往的露天溫泉

位於山中可眺望淺間山麓美麗梯田的菱野溫泉，需坐纜車上山才能抵達的景觀浴池是極致享受。溫和肌膚的滑嫩泉質、望眼看去盡是樹林與天空的木板露天浴桶都是別無分號的獨特體驗。

DATA ☎0267-22-0516 住小諸市菱平762-2 交JR、信濃鐵道小諸站車程12分 P80輛 ¥1泊2食15400日圓～ IN15時／OUT10時 ●共35間 ●泉質：鹼性單純溫泉 ●浴池：室內2 露天2 ●1900年開業，2009年改建 MAP P134B2

1 位處林中的靜謐環境，適合靜養 2 天空彷彿伸手可及的露天溫泉 3 有多種房型

高峰高原
たかみねこうげんほてる
高峰高原度假酒店

海拔2000m的美麗飯店

能沉浸在天空與星星近在眼前的獨一無二立地，感受異世界般暢快感的飯店。餐廳供應豪邁使用採摘自山麓自家農園的新鮮蔬菜與周遭的山菜、信州食材的菜餚，因此也以美食飯店聞名。

DATA ☎0267-25-3000 住小諸市高峰高原704 交JR、信濃鐵道小諸站搭計程車30分 P50輛 ¥1泊2食12000日圓～ IN14時／OUT10時 ●共24間 ●泉質：鈉元素溫泉 ●浴池：室內2 ●1992年改建 MAP P134B2

1 可望見雲海另一端的富士山，彷彿來到了異世界 2 單盤午餐1900日圓 3 6-8月飯店周邊會變成一片花海

稍微走遠一些
邂逅不一樣的風景與美味

若想盡情感受輕井澤，不妨走遠一點前往近郊。

在橫川可以來趟Abt之道健行、北輕井澤的絕景兜風，

富岡則可參觀世界遺產及漫遊古城。

從輕井澤擴展出去，這趟旅程也一定會更加充實。

小諸的古城漫遊
感受浪漫情懷

城址及驛站城鎮仍留有濃濃的古早韻味，
不妨來遊訪島崎藤村等諸多著名文人深愛的這片閑靜風景。

小諸是什麼樣的地方

充滿詩意的城邑、驛站城鎮

位於淺間山南麓，千曲川徐徐流過的小諸，曾以中山道分支出去的北國街道驛站城鎮以及城邑蓬勃發展，在明治以後更作為商城而繁榮一時。小諸站周圍散布著小諸城址懷古園等史蹟、歷史性建築物，本町、荒町與與良町等舊北國街道上則有許多古老的商家建築。過去有多位文人熱愛這座城鎮與其自然景致，寫下『千曲川速寫』的島崎藤村便是代表人物。

洽詢 ☎0267-22-1234(小諸市觀光協會)
交通方式 輕井澤站搭乘信濃鐵道列車25分，或者搭乘JR小海線 MAP P134A3

▲保留老街風情的本町一帶

こもろじょうしかいこえん
小諸城址 懷古園

爬滿青苔的石牆留下古城昔影

日本百大名城之一的小諸城，雖然其起源據傳可回溯到《源平盛衰記》和《平家物語》的時代，但山本勘助受命於武田信玄所劃地建造的城池才是如今小諸城的原型，爾後由戰國武將仙石秀久著手整修，完成堅固的城池。園內還設有小諸義塾紀念館、小諸市立藤村紀念館、小諸市立小山敬三美術館、小諸市動物園及兒童遊樂園等，也是賞櫻與賞楓的美麗休憩景點。

☎0267-22-0296 住小諸市丁311 ¥入園300日圓(4設施通票為500日圓) 8時30分～17時(動物園～16時30分) 休無休(12月～3月中旬週一休、遊樂園為12月～3月中旬休園) P213輛(1次500日圓) 交JR、信濃鐵道小諸站步行3分 MAP P117A2

◀長滿青苔的本丸石牆

▲除了列為重要文化財的三之門以外，園內各地都留有小諸城的遺跡

\ 順道過來看看！ /

こもろしどうぶつえん
小諸市動物園

於1926年(大正15)開園，為長野縣內歷史最長的動物園，推出企鵝的「餵食散步時間」以及可以餵食鹿、山羊、綿羊，或是體驗騎小馬等能貼身接觸動物的活動。這裡還有飼養日本貂等長野縣內其他動物園也看不到的動物。

☎0267-22-0296
8時30分～16時30分
※其他資訊準同小諸城址懷古園

▲天竺鼠的互動廣場非常受歡迎

搭人力車來趟浪漫暢遊

何不來試試以人力車漫遊詩情畫意的懷古園及小諸宿？共3條路線，2人乘坐10分鐘2000日圓～，還可以另外加錢租借西洋風和服或請專業攝影師拍照。
☎080-4671-1068(こもろ轟屋) MAP P117A2

こもろじゅくほんじんおもや

小諸宿本陣主屋

傳承江戶時代的小諸宿風貌

替將軍執行政務的大名等人曾使用過的舊本陣建築物，藉由古建材來忠實重現昔日的隔間與作法。附設的手工藝廊則可體驗使用古布製作小物（500日圓～）。

☎0267-24-7788 住小諸市大手1-6-14 ¥免費 ⏰10～16時 週四，冬季休館 P無 交JR、信濃鐵道小諸站步行2分 MAP P117A2

▲館內展示出當時的史料

ほんまちまちやかん

ほんまち町屋館

作為漫遊街區據點的建築物

老建築重生而成的商店與藝廊林立的本町區核心，在這棟建於1923年（大正12）的味噌醬油釀造廠「清水屋」的建築內有導覽員為遊客介紹建築與歷史。

☎0267-25-2770 住小諸市本町2-2-9 ¥免費 ⏰10～17時（11～3月為～16時）休週一（逢假日則翌日休）P無 交JR、信濃鐵道小諸站步行8分 MAP P117A1

▲列入國家有形登錄文化財的建築物

街角快照

藝廊「紙藏步」位於安政時期創業的大和屋紙店對面。MAP P117A1

萬屋骨董店，曾為小諸銀行所在地的這棟建築是國家登錄有形文化財。MAP P117A1

🔳1來遊覽文學景點也不錯 🔳2藤村舊棲地之碑，附近還留有島崎藤村使用過的水井。MAP P117A1

\ 順道過來看看！/

そばぐらちょうじあん

そば蔵丁子庵

小諸隨處都有風味和地點皆獨具特色的蕎麥麵店，そば蔵丁子庵的建築原本是江戶時代的穀倉，在這能品嚐到以自家耕種的蕎麥所打製而成的蕎麥麵。

☎0267-23-0820 住小諸市本町2-1-3 ⏰11～18時30分LO 週二、週三（4～11月無休）P30輛 交JR、信濃鐵道小諸站步行4分 MAP P117A1

▲擁有120年歷史的建築物

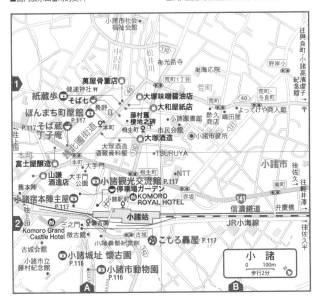

（地圖）

小諸市社会福祉会館
中沢川
松井岳寺
起光岳寺
迦海院
荒町1丁目
野塚小
小諸市浜美紀念館
1 萬屋骨董店
健逮神社
紙藏步 そば七 長野
ほんまち町屋館 P.117
藤村舊棲地之碑
そば蔵丁子庵 P.117
北国街道
大塚味噌醬油店
大和屋紙店
小諸園書館
酢久商店
嶋田屋
よってけや商人館
市民会館
大塚酒造
富士屋醸造
相生町
大塚酒店
NTT
TSURUYA
小諸市
相生町
山謙酒造店
小諸観光交流館 P.117
停車場ガーデン
KOMORO ROYAL HOTEL
141
信濃鐵道
井慶橋
小諸宿本陣主屋 P.117
小諸站
JR小海線
2 Komoro Grand Castle Hotel
こもろ轟屋 P.117
古城館
小諸市藤村紀念館
小諸城址 懷古園 P.116
小諸市動物園 P.116

小諸
0 100m
步行2分
A B

一望無際的景觀與自然景點
就靠兜風來遊覽北輕井澤吧

廣布於淺間山麓的區域，散布著湖泊、瀑布以及鬼押出園等風景名勝，
更有許多時尚&美味的景點埋伏其中喔。

北輕井澤是
什麼樣的地方

以雄偉的淺間山為背景盡情觀光

位在淺間山東北麓海拔1200m高原上的
區域，有湖泊及瀑布等風景名勝、閑靜
的牧場、能盡情感受大自然的休閒景點
散布四處。若想欣賞壯闊的淺間山全景
就前往鬼押HIGHWAY，而呈現一片荒
涼景致的鬼押出園也是一大看點。

洽詢
☎0279-84-2047(北輕井澤觀光協會)
☎0279-97-3721(嬬戀村觀光協會)

交通方式
開車：從碓氷輕井澤IC走縣道92・43號、國道
18・146號約30km
巴士：輕井澤站搭乘草輕交通巴士往草津溫泉
方向，到北輕井沢巴士站約40分。搭乘西武高
原巴士往草津溫泉方向，到鬼押し出し園約40
分 **MAP** P135C1

▲北輕井澤的開闊高原給人清爽的感覺

▲▶昭和的暢銷歌曲《越過山丘》
的原型就是淺間牧場

あさまぼくじょう
淺間牧場

憧憬的牧場原型就在這裡

廣布於海拔1300m、占地800ha
的群馬縣營牧場。放養約800頭
乳牛，在茶屋除了能用餐、烤
肉、騎馬外，還能與動物近距
離接觸。這裡也是日本首部彩
色電影《卡門還鄉》的外景地

☎0279-84-3698(淺間牧場茶屋)
住群馬縣長野原町北輕井沢19
90 ¥免費入場 設施營業為8
時30分～17時 (12～3月為9～16
時) 休夏季無休 (12～3月為週二、
週五休) P150輛 輕井澤站搭草
輕交通巴士約40分，淺間牧場入

あさまおおたき
淺間大瀑布

近距離感受瀑布的力量

從設有停車場的瀑布入口沿著
水流步行約5分鐘，便可看見高
10m、寬2m的瀑布。可以走近
瀑布底，魄力十足。

☎0279-84-2047
(北輕井澤觀光協會)
住群馬縣長野原町
北輕井沢 Y 入
自由散步 P20輛
交JR輕井澤站車程
約40分，從瀑布入
口停車場步行5分
MAP P119B1

◀水量豐沛，
隆隆水聲氣勢驚人，
還有往下游步行約
5分鐘可到「魚止
瀑布」

▶LOUMU在芬蘭語意指「順應自然的生活方式」，有著讓人能夠把全身交給森林大自然以療癒身心的環境

◀建於大正時代，淺間高原上最古老的洋樓

るおむのもり
LUOMUの森

療癒身心的森林度假區

位在淺間山北麓原始林一隅的森林設施，以修復後的實業家田中銀之助的別墅建築物為中心，設置咖啡廳、圖書室、樹上運動場（收費）等，小孩到大人都能在森林中玩上一整天。

☎0279-84-1733 🏠群馬縣長野原町北輕井澤1984-43 ¥免費入場 🕙9～17時（視設施有所變動）休週四（有季節性變動）P100輛 交輕井澤站車程約45分 MAP P119B1

▶品茶之餘也可順ар挑本書或閱讀的「百年文庫」

到這裡小憩片刻！

でぃーかふぇ
D-café

在60年代美式風格的獨棟建築內享用特製乾式咖哩、香草雞肉盤餐（如圖），有露台座。

DATA
☎0279-84-1083 🏠群馬縣嬬恋村鎌原1053-566 🕙11～17時（有季節性變動）休週三（遠假日則營業。8月無休、12～3月公休）P8輛 MAP P119B1

もりのさんどいっちやさん
森のサンドイッチやさん

可以在白根山絕致的陪襯下，品嘗以自製天然酵母麵包製作的三明治。另推薦香草茶和義式冰淇淋。

DATA
☎0279-84-6295 🏠群馬縣長野原町北輕井澤1990-3379 🕙9時30分～17時30分 休週一～週五，11月～4月中旬 P50輛 MAP P119B1

▲關東屈指可數的熱門兜風路線

おにおしはいうぇー
鬼押HIGHWAY

遠眺雄偉淺間山的兜風行程

位在3條收費道路串連起輕井澤～萬座的「淺間白根火山路線」中間區段，是最能貼近淺間山的路段。途中的淺間六里原休憩所是最適合欣賞全景風光的地點。

☎0279-97-3123 ¥「峰の茶屋～鬼押し出し」輕車270日圓、「鬼押し出し～三原」370日圓 交輕井澤站至鬼押HIGHWAY入口車程約30分 MAP P119A2

▶感受大自然的驚奇

おにおしだしえん
鬼押出園

展現出自然奧妙的奇岩群

淺間山的熔岩石散落四處的園內設有4條散步路線，可以親身感受高山植物、紅葉、雪景等四季的大自然風情。寵物可同行（需繫繩）。

☎0279-86-4141 🏠群馬縣嬬恋村鎌原1053 ¥入園650日圓 🕙8時～16時30分結束受理（有季節性變動）休無休 P750輛 交輕井澤站搭西武高原巴士往草津溫泉方向約40分，鬼押出園巴士站下車即到 MAP P119A2

循著翻越埡口的鐵路遺跡
碓冰峠Abt之道健走

曾刻劃出百年歷史，Abt式齒軌鐵路的碓冰線如今已廢線。
快來遊覽鐵路沿線的建築物，一面走訪碓冰峠之路吧。

Abt之道是什麼樣的地方

漫遊碓冰峠的鐵路遺跡

Abt式齒軌鐵路是在鐵軌之間鋪設鋸齒狀的齒軌，使火車的齒輪與其咬合來爬上陡坡。中山道上曾被視為特別陡峭的碓冰峠上，刻劃出超過百年歷史的碓冰線（信越本線橫川～輕井澤站之間）的鐵路遺跡如今已規劃成步道，從起點到折返處單程約6km，路途上還可參觀眼鏡橋等3座橋樑以及10座隧道等鐵路遺產。

☎027-382-1111（安中市觀光課）住安中市松井田町橫川・坂本地內 ¥⊙自由散步 交JR橫川站至起點步行3分 P使用周邊停車場 MAP P135D2

往橫川的交通方式

● 電車　輕井澤站搭乘長野新幹線至高崎站20分，搭乘JR信越本線至橫川站33分
● 巴士　輕井澤站搭乘JR巴士往橫川站方向34分，在終點站橫川站下車
● 開車　輕井澤站走國道18號約16km

▲明治25年(1892)完工的碓冰第三橋樑，俗稱眼鏡橋。
從舊國道18號走進岔路也能仰望得到

路線時間表

START	碓冰峠鐵道文化村	GOAL
	▼ 步行即到	
1	Abt之道・起點	
	▼ 8分	
2	碓冰關所遺址	
	▼ 20分	
3	舊丸山變電所	
	▼ 45分	
4	碓冰湖	
	▼ 20分	
5	5號隧道	
	▼ 3分	
6	眼鏡橋	
	▼ 20分	
	熊之平（折返點）	

🚩 START!&GOAL!

うすいとうげてつどうぶんかむら
碓冰峠鐵道文化村

展示出曾行駛於碓冰峠的Abt式電力火車等超過30種活躍於各地的歷史性列車的鐵路主題樂園，除了有碓冰線的立體模型和照片展以外，還有全家福列車和迷你蒸氣火車、小火車、蒸氣火車等多款車型，更能體驗駕駛電力火車（需預約）。

☎027-380-4163 住群馬県松井田町橫川407-16 ¥入園500日圓（乘坐設施費用另計），也有搭乘小火車加入園的套票900日圓 ⊙9~17時（11~2月為~16時30分，入園截至關園前30分）休週一（逢假日則翌日休），新年期間 P210輛 MAP P135D2
※小火車僅於3~11月的週六日、假日期間

▲正統鐵路主題樂園

◀步道上留有過去的鐵軌，旁邊還有觀光小火車近身駛過

來到散步據點入住小木屋

峠之湯站附近的「碓冰峠コテージくつろぎの郷」有時髦的小木屋，客廳設置柴火爐，也備有林浴設備和廁所，1棟1泊平日為14500日圓～。

☎027-380-4180 **MAP** P135D2

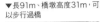
▼長91m、橋墩高度31m，可以步行過橋

6 めがねばし 眼鏡橋

磚塊打造的四連拱橋

現存18座橋樑中的第3橋樑，也是現存磚造橋中的日本第一大橋。建造於明治25年（1892），已列入國家重要文化財。

5 ごごうとんねる 5號隧道

全長244m的隧道

東口為磚塊建造、西口為石頭建造，磚造的牆面維持昔日模樣。碓冰峠曾有26座隧道。

▶穿過隧道便會來到眼鏡橋的橋上

▼仿效眼鏡橋打造的復古橋樑設於湖上

▲Abt之道折返點

- 熊之平
- 往輕井澤
- ⑥ 眼鏡橋（碓冰第3橋樑）
- 10號隧道
- 9號隧道
- 7號隧道
- 6號隧道
- ⑤ 5號隧道
- 4號隧道
- 3號隧道
- ④ 碓冰湖
- 2號隧道 第2橋樑
- 1號隧道
- 坂本八幡宮
- 碓冰峠の森公園交流館「峠の湯」
- 碓冰峠コテージくつろぎの郷
- 坂本宿
- （舊）中山道
- 峠之湯站
- 往松井田妙義IC
- ③ 舊丸山變電所（僅供緊急停車）
- ② 碓冰關所遺址
- 往輕井澤
- 往輕井澤
- 上信越自動車道
- **START**
- 碓冰峠鐵道文化村
- 文化村站
- ① Abt之道起點
- JR横川站
- 往高崎站
- **Abt之道遊步道**

4 うすいこ 碓冰湖

國有林圍繞的美麗湖泊

建造坂本水壩時，將碓冰川作為攔河壩而建的人工湖。新綠及紅葉時節的景觀優美，部分湖畔還設置了步道。

3 きゅうまるやまへんでんしょ 舊丸山變電所

建築厚實的鐵路設施

在横川～輕井澤間首次將電力火車引進日本時，日本國鐵建造的首座變電所。內部不開放參觀。

▼明治45年(1912)建造的重要文化財

1 あぶとのみち・きてん Abt之道・起點

鐵路遺跡的步道由此開始

從起點到眼鏡橋幾乎是一直線，而從文化村站到峠之湯站有觀光小火車行駛其間。

2 うすいせきしょあと 碓冰關所遺址

修復中山道的碓冰關所遺址

明治2年（1869）廢止的關所，設於上州與信州的邊界，西門由德川幕府、東門由安中藩管轄。

▶旅人交出手形票據的「辭儀石」

▶使用當時的門來重現門柱與門扉

📖 坂本宿位於與Abt之道交叉的國道18號(舊中山道)沿線，約700m的路上殘留數座當時的建築。

前往絲綢之城富岡，搭乘上信電鐵倒轉回到懷舊時光

搭乘地方列車搖搖晃晃來到古風城鎮，只要彎進
小巷弄便能邂逅明治時代的建築、女工常訪的景點。

▶富樂紅磚倉庫

✚ 富岡是什麼樣的地方

展現當年近代化軌跡的城鎮

距離輕井澤約30km東南方處，位於群馬縣西南部的富岡是從江戶晚期到明治時代以賣蠶業蓬勃發展的城鎮。自從1872年（明治5）富岡製絲廠設立以來，曾作為帶領日本製絲業、絲綢產業的城鎮而繁榮一時，如今仍隨處可見保有當時風貌的建築與倉庫遺址。小巷弄則有餐飲店林立，城鎮到處都留有「女工相關景點」，展現出懷古韻味。

〔洽詢〕
☎0274-62-6001（富岡市觀光協會）
〔交通方式〕
高崎站搭乘上信電鐵約40分，上州富岡站下車
MAP P123

❶延伸至製絲廠的城町通上有許多伴手禮店及咖啡廳　❷一面欣賞手寫看板，在錯綜複雜的巷弄裡漫步　❸留存於仲町通上的土藏造檽渕邸　❹小餐飲店等櫛次鱗比的鈴蘭通

▶有時還會派出復古的電力火車臨時營運

松井田妙義IC　信越本線　紅葉平綜合公園　群馬縣立自然史博物館　上州富岡　上州福島　高崎市　高崎　妙義神社　富岡市立美術博物館、福澤一郎記念美術館　丹生湖　貫前神社　上州之宮　富岡製絲廠　吉井　上信電鐵　富岡市　富岡IC　蒟蒻公園　甘樂町　甘樂道路休息站　上信越自動車道　城下町小幡　樂山園　吉井IC　下仁田町　下仁田IC　群馬野生自然動物園　下仁田　18　254　254

▼還有以製絲業計主題的列車行

〔交通方式〕じょうしんでんてつ 上信電鐵

為絲綢產業發展帶來貢獻的地方鐵路

☎027-323-8073　Ⓨ高崎～上州富岡790日圓　Ⓒ白天約40～50分一班。高崎～上州富岡所需約40分、高崎～下仁田所需約60分

行駛於高崎～下仁田之間長達33.7km、共21站的歷史悠久地方鐵路，曾因運送生絲及蠶卵活躍一時，周圍散布著已列為世界遺產的富岡製絲廠等4處史蹟。常配合活動推出特別列車等，最新車廂更設有以絲綢譚人遊圓話論。

上信電鐵的優惠車票

上信電鐵的「參觀富岡製絲廠來回折扣車票」是高崎～上州富岡的來回車票加上富岡製絲廠參觀費用的套票2140日圓（原價合計2580日圓），去程、回程可以中途各下車1次。

❶可樂餅、咖哩麵包、龍田炸雞都是當場現炸的**岡重肉店**，傍晚時常會在此看見飢腸轆轆的小朋友。咖哩麵包180日圓。☎0274-62-0278 **MAP**A2 ❷**高田食堂**的咖哩飯650日圓、炸雞排咖哩是女工的最愛。☎0274-62-0469 **MAP**A2 ❸聽說女工也會趁熱大口咬下?! **肉的原田**的可樂餅70日圓與炸肉餅90日圓。0274-62-0433 **MAP**A2

富岡伴手禮 CHECK!

おかっていちば
Okatte市場

車站旁的在地產品聚集地

以地產地消為主軸的食品店，不但有新鮮的當地蔬菜，還有許多食材與手工雜貨等。建築物改建自大正時期所興建的蠶繭乾燥場。

☎0274-67-5373 **住**富岡市富岡1450 **時**9～19時（週日～17時）**休**無休（年初休）**P**10輛 **交**上州富岡站步行2分 **MAP**P123A1

まちなかかんこうぶっさんかん（おとみちゃんち）
まちなか觀光物產館（お富ちゃん家）

可作為觀光據點利用

除了絲綢製品外，還販售富岡市吉祥物「小富」的周邊商品。設有休憩空間，也提供觀光導覽和租借電動自行車的服務。（詳情需洽詢）

☎0274-62-6001(富岡市觀光協會) **住**富岡市富岡1151-1 **時**9～17時（自行車租借～15時，物產販賣為8時30分～17時30分）**休**無休（新年期間休）**P**利用附近的市營停車場等（收費）**交**上州富岡站步行10分 **MAP**P123B2

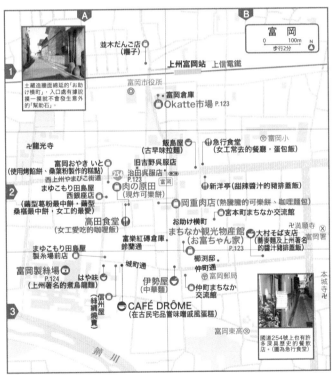

從富岡製絲廠正門一路延伸的城町通、仲町通是非逛不可的街道。
❹將製絲廠前的長屋建築加以活用的古民宅CAFÉ DRÔME「布丁底是味噌500日圓」。留下土牆的建築物2樓也不可錯過。☎0274-67-1123 **MAP**A3 ❺創業80年、前身為和菓子店的伊勢屋，中華麵600日圓是樸實雜骨湯頭的懷舊滋味。0274-62-0382 **MAP**B3

遙想昔日營運時的蓬勃景象
參觀富岡製絲廠

在列入世界文化遺產的富岡製絲廠內
可以感受到隨著日本近代化的歷史發展而充滿朝氣的昔日風情。

▲成為日本近代產業基石的富岡製絲廠

とみおかせいしじょう
富岡製絲廠

日本近代化的一大象徵
帶領製絲業起飛的公營工廠

1872年（明治5）由推行殖產興業的明治政府所設立的公營製絲工廠。為了方便取得優質的蠶繭與製絲所需的水源、作為燃料的石炭，在獲得在地人們同意後選擇在富岡設廠。建築物以木骨磚造的工法建造，導入西式的繰絲機並雇用保羅‧布魯納等外國的指導者，致力於成為以生絲大量生產化為目標的模範工廠，從日本各地齊聚一堂的女工則學習西式的繰絲技術，再各自以指導者的身份返鄉傳授。直到1987年停止生產的115年之間，一路帶領日本製絲業的這棟建築物幾乎完整保存下當時的風貌，連同縣內3座絲綢產業的相關設施一同被登錄為世界文化遺產。

◀與荒船風穴（照片‧下仁田町）、高山社遺址（藤岡市）、田島彌平舊宅（伊勢崎市）共4座設施以「富岡製絲廠和絲綢產業遺產群」登錄世界遺產

▼拱門中央的拱心石上頭看得到創業當年的刻字

☎0274-67-0075（富岡製絲廠綜合服務處）🏠群馬県富岡市富岡1-1 💴1000日圓 🕘9～17時（受理至關廠30分前）🈺12月29日～31日 🅿無（利用附近的市營收費停車場等）🚃上信電鐵上州富岡站步行15分 MAP P123A3

可以參觀保存修復工程

❶西側蠶繭倉庫

2樓是蠶繭倉庫。原本是煤堆置場的1樓當時並無隔牆，是之後增設的。

為了防煤煙而將煙囪做高

❷煙囪

創業當時曾將鐵製筒體堆疊到36m高，現在的煙囪為第四代，高37.5m。

深受女性喜愛的絲綢商品

位在富岡製絲廠的東側蠶繭倉庫內的博物館商店，除了販售富岡絲綢香皂（小型3個裝1000日圓等）外，蠶繭球、大浴巾、吸油面紙等美容產品也很受歡迎。

磚塊以法式砌法堆疊而成

❸東側蠶繭倉庫

採買許多蠶繭原料後保藏於此，這棟木骨磚造的建築物還有美麗的拱窗。內部有部分開放參觀，設有展示區及商店。

富岡製絲廠

（地圖標示）
社宅
社宅
社宅
影片專區
寄宿所
油庫
商店
售票窗口
正門 入口
檢查入館
❶西側蠶繭倉庫（施工中）
❸東側蠶繭倉庫
蠶繭處理廠
❷煙囪
乾繭倉庫
❹蒸汽鍋爐（施工中）
鐵水槽
乾燥場（施工中）
變電室
❺女工館
食堂
炊事場
❼繰絲廠
❻診療所
病房
寄宿舍
寄宿舍
❽首長館（布魯納館）
蠶川

※場內請遵照參觀區域的指示。

建於1922年（大正11），之後也歷經增建

❹乾燥場

為了滅蛹、抑止蠶繭發霉而設置的蠶繭乾燥處。2014年因大雪而損壞泰半，現正進行保存修復工程。

❺女工館

為前來教授以機器取絲之技術的法籍女教師所蓋的宿舍，之後也曾作為食堂和會議室使用。

殖民地風格樣式的建築

❽首長館（布魯納館）

指導工廠建設的法國指導者保羅·布魯納與家人所居住的建築，磚造的地下室也保存了下來。布魯納回國後曾作為女工的寄宿宿舍及學校使用。

迴廊風格的陽台等細節透露出雅致韻味

❼繰絲廠

在此進行從蠶繭取下生絲的作業。長140.4m，採用建築內部中央無樑柱的「桁架構造」，為了採光而多設玻璃窗營造出寬敞空間。當時備有法國製的繰絲機可供300人操縱，是當時世界規模最大的工廠。

上層的三角桁架是用來支撐屋頂的構造

❻診療所

從創業當時便有醫師常駐等措施，員工福利十分完善。據信公營初期的女工1日上工約8小時且週日休息，每天都可泡澡。

現在的建築物為第3代

每天都會舉辦工廠導覽（約40分，200日圓），此外也推薦租借以語音解說的語音導覽（200日圓）。

前往輕井澤的交通方式

輕井澤是新幹線及高速公路都有行經而交通方便的地方，
搭電車、高速巴士或自駕，可依照旅遊日期和時段來選擇避開人潮的交通方式。

快速又方便的北陸新幹線「白鷹號」「淺間號」

若想搭電車前往則以新幹線超快速，且不用轉乘超方便，從東京出發可從東京站或上野站搭乘北陸新幹線。從名古屋方向
前來則建議在東京站轉乘新幹線最為快速。

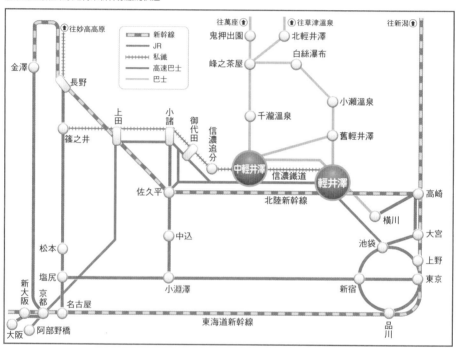

規劃行程的提要

東京出發 雖然一般來說多從東京站或上野站搭乘北陸新幹線前往，視出發車站還有先搭湘南新宿線或埼京線到大宮站再轉乘新幹線的路線。在大宮轉乘會比較流暢，新幹線的特急費用也會比從東京站出發還要便宜。

名古屋出發 基本上是先搭東海道新幹線到東京站，再轉乘北陸新幹線。如果想透過車窗欣賞信州山景的話，就搭特急「ワイドビューしなの」走中央本線，到長野站轉乘新幹線。從姨捨站一帶可看到的善光寺平是日本三大車窗風景。

大阪出發 搭乘特急「サンダーバード」到金澤站轉乘北陸新幹線的車資較優惠。搭乘東海道新幹線到東京站轉乘雖然車資較貴，時間上卻能較快抵達（約3小時50分，19170日圓）。

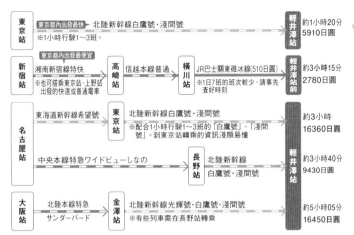

東京站	東京都內出發最快 北陸新幹線白鷹號·淺間號 ※1小時行駛1~3班。			輕井澤站	約1小時20分 5910日圓
新宿站	東京都內出發最便宜 湘南新宿線特快 ※也可搭乘東京站、上野站出發的快速或普通電車	高崎站 信越本線普通	橫川站 JR巴士關東碓冰線(510日圓) ※1日7班的班次較少，請事先查好時刻		輕井澤站前 約3小時15分 2780日圓
名古屋站	東海道新幹線希望號	東京站 北陸新幹線白鷹號·淺間號 ※配合1小時行駛1~3班的「白鷹」、「淺間」號。到東京站轉乘的資訊淺顯易懂		輕井澤站	約3小時 16360日圓
	中央本線特急ワイドビューしなの		長野站 北陸新幹線 白鷹號·淺間號		約3小時40分 9430日圓
大阪站	北陸本線特急 サンダーバード	金澤站 北陸新幹線光輝號·白鷹號·淺間號 ※有些列車需在長野站轉乘			約5小時05分 16450日圓

※ 資料為2017年2月時的資訊。
※ JR的票價為車資與特急費用（搭乘平時的普通車對號座）的加總金額。此外，所需時間為參考值，會因搭乘不同的列車而異。

搭乘高速巴士前往輕井澤

從東京的池袋站前往或者從大阪站前往輕井澤有高速巴士可搭。池袋出發為白天班次，大阪出發則是夜間班次，可坐到中輕井澤站、輕井澤站前，比搭乘JR還要便宜許多。

池袋站 東口	西武巴士 2小時52分 2600日圓 1日7班 預約制 其中2班經由中輕井澤開往御代田站前	輕井澤站前
大阪	近鐵巴士「千曲川ライナー」 11小時36分 9800日圓 夜間1日1班 預約制 阿部野橋站出發 20:25→難波OCAT→大阪站前(東梅田)→京都站八条口→抵達輕井澤站8:01	

繞個遠路再去輕井澤
搭乘高原列車小海線

如果時間充裕，想一面感受昭和度假風情前往輕井澤的話，推薦您走途經JR最高點的小海線這條鐵路線。小海線又有「八岳高原線」之稱，從中央線小淵澤站到信濃鐵道小諸站之間，伴隨著八岳和蔦菖田、千曲川景致掠過車窗，一路奔馳於高原的絕景路段。從小淵澤到小諸所需約2小時20分，小諸到輕井澤搭乘信濃鐵道25分。由於班次較少，請先調查好時刻以妥善規劃行程。

優惠票券

●新幹線回數券
東京都區內~輕井澤間
＜普通車對號座＞32100日圓

可搭乘北陸新幹線「白鷹號」、「淺間號」對號座的6張成套回數券，推薦家庭或團體旅行使用。6張可省下3360日圓，3個月內有效。不過4月27日~5月6日、8月11日~20日、12月28日~1月6日不可使用。於JR站的綠色窗口、JTB等旅行社販售。

●えきねっと 搶先取得優惠
加入JR東日本的網路售票服務「えきねっと」會員，在網站上預約購票即可獲得新幹線車資、座位費用的折扣。從搭乘日1個月前的上午10時到當天凌晨1時40分前購票即享「えきねっと優惠價」打85~95折，13天前的凌晨1時40分購票折扣更高「搶先優惠價」打65~75折，不過有列車、座位數、區間上的限制，詳情請洽官網。

☎ 洽詢處

鐵道

●JR東日本 (諮詢中心)
☎050-2016-1600
●JR東海 (電話中心)
☎050-3772-3910
●JR西日本 (客服中心)
☎0570-00-2486

高速巴士

●西武巴士
☎03-5910-2525
●近鐵巴士
☎06-6772-1631

以巴士和鐵路遊覽輕井澤區域

輕井澤站與中輕井澤站、信濃追分站之間以信濃鐵道通行。
要以這幾站為起點搭乘路線巴士時,請事先查好時刻表。

妥善活用路線巴士

輕井澤區域有西武高原巴士、草輕交通、千曲巴士、JR巴士關東等4家巴士行駛,在觀光上以西武高原巴士營運的東‧南迴線、千曲巴士營運的西迴町內循環巴士最方便。另外也有從輕井澤開往萬座、草津溫泉方向的路線。

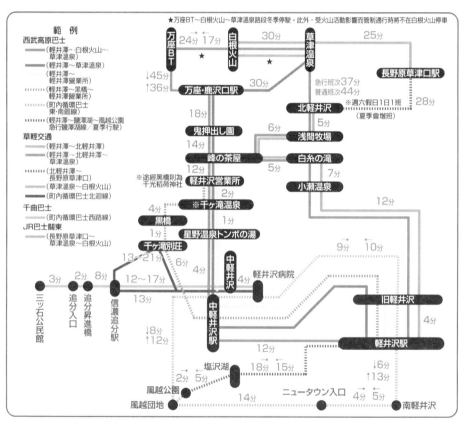

規劃行程的提要

從輕井澤站前往塔列辛

搭乘西武高原巴士所營運的町內循環巴士東‧南迴線(外環)約25分,在塩沢湖下車步行即到。夏季還有從輕井澤出發的直達急行巴士。除了塔列辛以外,輕井澤高原文庫、Picturesque Garden等人氣觀光景點也集中於此。

從輕井澤站‧中輕井澤站前往榆樹街小鎮

搭乘從輕井沢駅出發途經中輕井沢駅並開往輕井沢營業所、草津方向的西武高原巴士,在星野溫泉トンボの湯下車,時間請參考右頁的時刻表。另外也有從輕井澤站南口出發的免費接駁巴士,記得多看看。從中輕井澤站步行前往約17分。

●輕井澤站～中輕井澤站～千瀧溫泉～草津溫泉間 西武高原巴士時刻表

2016年4月22日～10月31日的參考時刻表

目的地等 / 巴士站名		草津 每日	營業所 每日	草津 每日	草津 每日	營業所 ◆	萬座BT ○	營業所 ◆	營業所 ◆	營業所 每日
輕井沢駅	發	8:47	9:30	11:54	13:58		15:41		17:15	18:30
中輕井沢駅	〃	8:59	9:45	12:06	14:10	15:45	15:53	16:30	17:30	18:45
黑橋	〃	↓	↓	↓	↓	15:52	↓	16:37	↓	↓
千ヶ滝温泉	〃	9:04	9:50	12:11	14:15	↓	15:58	↓	17:35	18:50
輕井沢営業所	〃	9:06	9:53	12:13	14:17	16:03	16:00	16:48	17:38	18:53
峰の茶屋	〃	9:18		12:25	14:29		16:12			
鬼押出し園	〃	9:32		12:39	14:43		16:26			
万座・鹿沢口駅	抵	9:50		12:57	15:01		16:44			
万座BT	發	10:31		13:38	15:42		17:25			
草津温泉	抵	11:25		14:32	16:36					

目的地等 / 巴士站名		輕井澤 ◆	輕井澤 ◆	輕井澤 ○	輕井澤 每日	輕井澤 每日	輕井澤 每日	輕井澤 每日	輕井澤 每日
草津温泉	發						9:00	12:25	15:20
万座BT	〃						9:47	↓	16:07
万座・鹿沢口駅	〃						10:37	12:55	16:57
鬼押出し園	〃						10:53	13:11	17:13
峰の茶屋	〃						11:07	13:25	17:27
輕井沢営業所	〃	6:55	7:13	7:30	8:30	10:15	11:17	13:35	17:37
千ヶ滝温泉	〃	↓	↓	7:32	8:32	10:17	11:19	13:37	17:39
黑橋	〃		7:19	↓	↓	↓	↓	↓	↓
中輕井沢駅	〃	7:03	7:28	7:39	8:39	10:24	11:26	13:44	17:46
輕井沢駅	抵	7:17	7:44	7:53	8:53	10:38	11:38	13:56	17:58

輕井沢営業所＝西武高原巴士輕井沢営業所　◆＝週六假日停駛　○＝僅週六假日行駛
※受火山活動影響而管制通行時將不在白根火山停車，請確認最新資訊

●搭信濃鐵道在區域間通行

連接起輕井澤站與長野站的正是信濃鐵道，是一條能透過車窗欣賞雄偉淺間山的絕佳路線，不過1小時只有1~2班，班次較少，需事先查詢時刻表。每逢黃金週及暑假期間等嚴重塞車時段將會是您的好夥伴。

信濃鐵道主要車站間的票價及所需時間

票價(單位:日圓)　※所需時間為約略值。
所需時間(時間:分)　篠ノ井～長野之間為JR信越本線

						軽井澤	站名
					中軽井澤	230 / 0:04	中軽井澤
				信濃追分	230 / 0:04	240 / 0:08	信濃追分
			御代田	230 / 0:06	250 / 0:10	310 / 0:14	御代田
		小諸	240 / 0:10	330 / 0:16	400 / 0:20	480 / 0:24	小諸
	篠之井	960 / 0:50	1130 / 1:05	1260 / 1:11	1350 / 1:15	1440 / 1:19	篠之井
長野	200 / 0:13	1160 / 1:03	1330 / 1:18	1460 / 1:24	1550 / 1:28	1640 / 1:32	長野

期間限定巴士
(2017年的參考資訊)

●舊輕井澤接駁巴士 輕井澤站～舊輕銀座 150日圓

草輕交通有連結輕井澤站與舊輕銀座入口、舊輕井澤圓環的接駁巴士。2017年夏季為7月中旬~8月下旬在車站北口的草輕巴士總站及南口停靠，每40分~1小時1班。截至2018年4月20日前為1日3班，所需約7分鐘，但有時會碰上塞車。

●鹽澤湖線急行巴士 輕井澤站～輕井澤塔列辛 1日7班 410日圓

西武高原巴士會在夏季特別營運從輕井澤站北口開往風越公園方向的急行巴士，行經輕井澤塔列辛(鹽澤湖)、繪本之森美術館、愛爾茲玩具博物館，2017年為7月中旬~9月下旬行駛。

●定期觀光巴士 巡遊輕井澤・淺間高原

所需5小時40分
輕井澤站出發9：20
4000日圓 [需預約]

草津交通推出2017年4月下旬到11月下旬的週六日、假日以及黃金週、暑假於輕井澤站停靠的路線，巡遊北輕井澤、鬼押出園、白絲瀑布、舊三笠飯店等地。

☎ 洽詢處

巴士
●西武高原巴士(輕井澤營業所)
☎0267-45-5045
●草輕交通巴士(輕井澤營業所)
☎0267-42-2441
●千曲巴士(小諸營業所)
☎0267-22-2100
●JR巴士關東(長野原支店)
☎0279-82-2028

自駕前往輕井澤

雖然走高速公路便能輕鬆前往輕井澤，
但在清新的高原愜意兜風還是需留意安全第一。

走關越～上信越自動車道前往

距離輕井澤區域最近的交流道是碓水輕井澤IC，從西邊前來則是佐久IC，也可以走位於兩者之間的佐久平休息站內
ETC車輛專用的佐久平智慧型IC。從小諸IC下來開往輕井澤方向的淺間Sun Line是暢快的兜風路線。

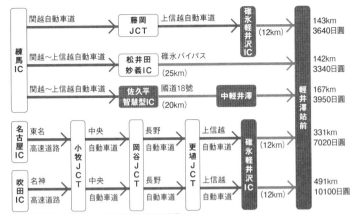

練馬IC	關越自動車道 →	藤岡JCT	上信越自動車道 →	碓氷輕井沢IC	(12km)	→	輕井澤站前	143km 3640日圓
	關越～上信越自動車道 →	松井田妙義IC	碓氷バイパス (25km)			→		142km 3340日圓
	關越～上信越自動車道 →	佐久平智慧型IC	國道18號 (20km)	中輕井澤 →				167km 3950日圓
名古屋IC	東名高速道路 →	小牧JCT	中央自動車道 →	岡谷JCT	長野自動車道 →	更埴JCT	上信越自動車道 →	碓氷輕井沢IC	(12km)	→		331km 7020日圓
吹田IC	名神高速道路 →		中央自動車道 →		長野自動車道 →		上信越自動車道 →	碓氷輕井沢IC	(12km)	→		491km 10100日圓

※上述為使用ETC的費用，以現金支付可能有所差異。

💡 規劃行程的提要

務必留意塞車！

輕井澤在黃金週及暑假期間等時期到處都有塞車的狀況，有時從碓氷輕井沢IC到輕井澤IC一帶會有連續塞車，需特別留意。此外，輕井澤站～舊輕井澤之間及其周邊、國道18號從輕井澤到信濃追分方向也可能會出現塞車的情況。請盡可能選擇車流量少的時段及交流道，或是考慮採取「Park & Ride」的方式，先將車子停在信濃鐵道的車站再搭乘電車移動。

🌸 輕井澤的停車場資訊

信濃鐵道車站周邊停車場

●輕井澤站
北口（西側）町營停車場。220輛，未滿1小時免費、未滿4小時400日圓～。
●中輕井澤
站前（北側）町營停車場。73輛，未滿1小時免費、未滿4小時200日圓～。
●信濃追分站
站前（北側）町營停車場。44輛，未滿1小時免費、未滿12小時100日圓～。

舊輕井澤的停車場資訊
A區：蕭通路上
B區：水車之道路上
C區：圓環・離山通

🏷 優惠票券

●鐵路 & 租車套票

JR與車站租車搭配的折扣套票。搭乘JR線超過201km（從上車站到設有租車營業所的車站需超過101km）並連同JR車票一併購買車站租車券時，所有共乘者的JR票價皆打8折、特急費用（新幹線希望號、Gran Class等除外）打9折，但4/27～5/6、8/11～20、12/28～1/6的JR車票不打折。預約車站租車請事先以網路或電話預約，需留意JR車站不提供預約服務。車站租車☎0800-888-4892

📞 洽詢處

租車
●車站租車輕井澤
☎0267-42-6454
●豐田租車輕井澤站前店
☎0267-42-6100
●日產租車輕井澤站前店
☎0267-41-1223

交通資訊
●日本道路交通情報中心
東北・常磐・關越道路情報
☎050-3369-6762
中央・長野道情報
☎050-3369-6764
長野情報
☎050-3369-6620

旅遊輕井澤前的相關小知識

輕井澤有許多歷史悠久的教堂和小徑。
不妨連同季節性活動一起看看，樂享感受時節的旅程。

教堂

輕井澤始於明治時代外國傳教士以此作為避暑勝地，
後發展為華麗的別墅地區，快來走訪這裡的教堂吧。

日本聖公會 輕井澤蕭紀念禮拜堂　1895年(明治28)建立

傳教士亞歷山大・克羅夫特・蕭所創設的輕井澤第一座教堂。一切始於1886年蕭來到輕井澤，經他介紹此一避暑勝地，傳教士們因而開始聚集於此。
☎0267-42-4740
MAP P137D1

輕井澤聯合教堂　1906年(明治39)設立

傳教士丹尼爾・諾曼所創立的基督教各派聯合教堂。這裡不只舉辦禮拜和集會，還會為避暑遊客舉行音樂會等活動，又有「Auditorium」(大型會堂)之稱。
☎無
MAP P137D1

日本基督教團 輕井澤教會　1905年(明治38)設立

丹尼爾・諾曼等人為日本基督教徒所設立的輕井澤首座日本人聯合教會。建築物是在1929年由W.M.沃立司設計，於現今的地點重建，起初是設在舊中山道上。
☎0267-42-1008
MAP P137D1

輕井澤高原教堂　1921年(大正10)設立

以集結內村鑑三、北原白秋、島崎藤村等多位文化人士的「藝術自由教育講習會」為原點而誕生，秉持「對外開放的教堂精神」傳承至今，吸引許多人造訪。
☎0267-45-3333
MAP P141D2

輕井澤聖保羅天主教堂　1935(昭和10)設立

英國窄司瓦德神父設立，由A.雷蒙設計、日光東照宮的宮殿工匠建造，正面採捷克風，鐘樓為斯洛伐克風，內部則呈X型大樑交錯顯得氣勢磅礴的構造。
☎0267-42-2429
MAP P137D1

石之教會 內村鑑三紀念堂　1988年(昭和63)建立

依據明治到大正時代的基督教指導者內村鑑三所提倡的「無教堂思想」所建造的教堂，是一棟由石頭與玻璃的拱形交織而成的神秘建築物，地下設有內村鑑三的資料展示室。
☎0267-45-2288
MAP P141D2

輕井澤歷史之路

從新、舊輕井澤38條「歷史之路」中，挑選出與輕井澤有其淵源的名人來命名的道路做介紹。

蕭通
往舊輕井澤的大塚山的道路，山上曾有A.C.蕭的別墅。

犀星之徑
室生犀星的別墅所在的付近，過去正宗白鳥和川端康成等人也曾造訪。

鳩山通
大正時期開始便以政治家、學者著稱的鳩山家族，其別墅就位在這條路上。

近衛小巷
二戰前的前首相近衛文麿的山莊佇立在這條落葉松林道上。

諾曼小巷
擁有「輕井澤的村長」之稱而備受愛戴的丹尼爾．諾曼的別墅設立於此。

沃立司小巷
這裡有創立近江兄弟社並以建築師的身份活躍一時的W.M.沃立司的山莊，他曾操刀設計多間輕井澤的別墅。

堀辰雄之道（賦格小徑）
堀辰雄的山莊建於1412號地。《美麗村》中描寫能聽見賦格旋律的捷克大使館就在眼前。

新渡戶通
新渡戶稻造曾任聯合國副祕書長，也是輕井澤夏季大學創校者之一。這條道路能通往其西洋風別墅所在的三度山。

細川小巷
政治家細川護立侯爵的3層樓大型別墅曾建於此處。雖然建築物已毀去，腹地上仍有成排的蓮香樹和冷杉聳立。

慶典‧活動

輕井澤有數不清的季節性活動，春夏秋可感受自然風光，冬季則可欣賞夢幻的燈飾。

4月下旬～6月中旬　輕井澤若葉祭
町內一帶會舉行玩賞春季的祭典，推出賞新綠的舊輕井澤健行、公路自行車賽等各式各樣的活動。

☎0267-45-8579（輕井澤町觀光經濟課）

8月1日　輕井澤蕭祭
於輕井澤蕭紀念禮拜堂舉行的居民慶典，讚揚被暱稱為「輕井澤之父」廣受喜愛的傳教士A.C.蕭，祈禱其精神永傳。☎0267-45-6050輕井澤觀光服務處（くつかけテラス內）

7月下旬～8月底　夏季蠟燭夜
教堂中庭在燈籠與燭光的圍繞下更顯夢幻的夜裡，舉辦唱福音與手鈴的音樂會。

☎0267-45-3333（輕井澤高原教堂）

9月下旬～11月上旬　輕井澤紅葉祭
輕井澤各地都會舉辦欣賞紅葉的活動，例如健走等多種企劃，還有美術館的優惠。

☎0267-45-8579（輕井澤町觀光經濟課）

12月上旬～2月中旬　輕井澤冬季慶典
町內各地會點上燈飾，可一睹輕井澤風情的溫暖燈彩。其中又以聖誕節時期的Megumi Chalet最不容錯過。

☎0267-42-5538（輕井澤觀光會館）

四季‧服裝

正因為這裡被視為避暑勝地，輕井澤的主要旅遊季絕對是夏天，不過春秋冬也是魅力無窮！

冬季公休的店家大約從3月中旬開始營業，黃金週的人潮幾乎可與夏季匹敵。賞新綠的最佳時期是5月上旬～6月上旬。

服裝
雖說是春天，3～4月還是非常寒冷，務必準備薄外套或大衣等衣物。

暑假前的人潮相對較少，8月的週末和盂蘭盆節是觀光旺季的尖峰，9月後平日的人潮逐漸舒緩。

服裝
8月的平均氣溫為20～22℃。早晚偏冷，需加一件外衣。

若想避開夏季人潮，最推薦這個時期。輕井澤步入紅葉季，包括雲場池，各個景點都能欣賞到美麗景致。

服裝
9月的平均氣溫為16℃，比台灣涼上許多，別忘了加件外套。

滑雪場開始營業，還有餐廳供應冬季美食野味餐點。不過有許多店家會開始冬季公休，需事先確認。

服裝
雖然積雪還不多但氣溫驟降，請做好萬全的防寒準備。

旅遊資訊 ● 旅遊輕井澤前的相關小知識

輕井澤廣域圖

0　　　　2km

舊輕井澤銀座通

0　　　　200m

往白絲瀑布·
峰之茶屋
一本松3

往中輕井澤

P.37 ciboulette
P.37 茜屋珈琲店舊道店
P.27　P.29 KARUIZAWA DELICA TESSEN
大倉陶園 輕井澤店 P.25 軽井沢写真館
軽井沢のころっけやさん
P.29
P.27大坂屋家具店
P.25土屋写真店
輕井澤聖保羅
天主教教堂
P.21·132
Nakayama's Jam
P.104
P.102 French Bakery
P.28 Grocery Court Cerfeuil
聖パウロ教会前o　輕井澤銀座通
P.24 教堂街輕井澤
P.24白樺堂 舊輕井澤銀座本店
炭火焼鳥こみやま
P.97　P.37ぱいっぽおる
P.28　P.104軽井沢物産館
寺子屋本舗 輕井澤店
P.27馬勝

町營舊輕井澤
停車場
長倉霊園
舊輕井澤

錯視藝術博物館
舊輕井澤 P.24
白石商店 P.101

軽井沢青松寺別院

蕭別莊 P.23
紀念館
二手橋 P.20
日本聖公會
輕井澤蕭紀念禮拜堂
P.20·132
往舊碓冰峠
觀景台

鶴屋旅館 P.112

ちもと P.25
JAM KOBAYASHI P.29·104
庶民派フレンチ洋食
KAZURABE P.93
St. Cousair Winery
輕井澤舊道店 P.29 犀星之徑 P.37·133
BOULANGERIE ASANOYA 輕井澤舊道本店 P.102
輕井澤觀光會館 室生犀星紀念館 P.25
草木屋 P.26 旧軽井沢café涼の音 P.92
大城レース P.27
沢屋 舊輕井澤店/喫茶サロン P.104
輕井澤郵局 作りたてジェラート L'ibisco P.37
一彫堂 輕井沢彫 家具工房
日本基督教團輕井澤教會 P.132 RESORT STYLE 輕井澤 P.25
Mikado Coffee輕井澤舊道店 P.28 輕井澤聯合教堂 P.36·132
La Fée Bretonne P.28
Cafe Restaurant Paomu P.92
諏訪神社 KARUIZAWA FOOD
GALLERY P.29
離山
萬平飯店 P.109

離山 離山公園

レストラン 酢重正之
P.97

コーユー倶楽部軽井沢サロン

新輕井澤～舊輕井澤

0　　　　300m

往中輕井澤

松水庵 軽井沢 高原とうふ P.96
軽井沢中
中学校前
軽井沢町
歴史民俗資料館 P.70
舊近衛文麿別墅(市村紀念館) P.70
図書館前 離山
信濃鐵道
北陸新幹線

A FENESTELLA P.88

P.100 輕井澤酒店 LONGINGHOUSE
野菜がおいしいレストラン
輕井澤現代美術館
P.63
P.113LONGINGHOUSE
cocage cafe P.101
Ogosso P.36 軽井沢高
泉の里
高校東
18
高校前

P.86 CHEZ KUSAMA
The Sugar Spot Coffee
P.30
軽井沢CHOCOLAT
FACTORY
軽井沢署

軽井沢室内網球場
P.71 丸山珈琲 輕井澤本店

往佐久平

舊輕井澤銀座通

往白絲瀑布・北輕井澤

往舊碓冰峠觀景台 D

日本聖公會 輕井澤蕭紀念禮拜堂 P.20・132

二手橋 P.20

一本松

P.112 鶴屋旅館

CENTO DUE 102／Loccanda Dell' Angelo P.91

輕井澤聖保羅天主教教堂 P.21・132

聖パウロ教會前

室生犀星紀念館 P.25

教堂街輕井澤 P.24

輕井澤觀光會館 P.25

輕井澤郵局

旧軽井沢GC

御膳水 P.22

輕井澤聯合教會 P.36・132

鹿島森林酒店

日本基督教團
輕井澤教會 P.132

P.109 萬平飯店

町營

旧軽井沢

錯視藝術博物館舊輕井澤 P.24

Cyclemate Q 舊輕井澤本店 P.21

Restaurant Kaffee Kitzbühl P.36

LE REGALANT P.37

わかどり P.93

ART HOTEL FOLON 軽井沢

Schokoladenburg
軽井沢チョコレート館 P.37

長野縣
輕井澤町

P.91 Bistro Pomodoro

中部電力前

舊輕井澤飯店

輕井澤
本通 P.16

雲場池 P.22

P.96 蕈

P.87 E.Bu.Ri.Ko

脇田美術館 P.36

輕井澤圭
音羽之森酒店 P.113

P.36 trattoria primo

外國人墓地 P.23

六本辻・雲場池

細語
小徑
P.23
37

P.36 Pyrénées

LE BEL COEUR

輕井澤新藝術博物館 P.36

Trattoria Barcaccia
de chocolat P.31

野沢原

café et the Michael P.31

新道

Ristorante Pietrino P.88

CAFÉ Raffiné P.31

Natural Cafeina P.95

輕井澤瑪羅德酒店 P.113

P.101 COCOON TEA GARDEN

東雲

輕井澤型繪染美術館 P.36

部小学校

Atelier de Fromage
軽井沢売店 チーズ熟成所 P.104

Atelier de Fromage
軽井沢Pizzeria P.36

ストーブカフェ オキザリス P.94

軽井沢東部小

輕井澤觀光服務處(輕井澤站內) P.16

ITALIAN CAFE FERMATA P.16

P.93 Café Conversa

おぎのや 輕井澤站賣店 P.16

P.37 腸詰屋軽井沢1号店

名産品店 prim rose P.16

軽井沢大賀ホール

輕井澤
站前郵局

矢崎公園 P.17

信州のお味噌屋さん P.17

輕井澤賽普拉斯酒店 P.113

新軽井沢

新軽井沢

信州ハム軽井沢工房
ステーションショップ P.17

東部小学校入口

18

駅入口

G

輕井澤站

日念亭 P.30

カフェ来美 P.97

往橫川

往安中榛名

軽井沢王子保齢球

43

輕井澤王子購物廣場 P.17・46

南輕井澤

0 　　　800m

往舊輕井澤圓環

往橫川

往藤岡JCT

往國道254號

C

D

C

D

1

2

3

新道

新道

133

18

43

18

43

92

43

往橫川

野沢原

小小美術館輕井澤草花館

輕井澤瑪羅羅德酒店

矢崎公園

輕井澤站前郵局

駅入口

新輕井沢

新軽井沢西

輕井澤賽普拉斯酒店

輕井澤站

軽井沢駅

APA Hotel〈輕井澤站前〉輕井澤莊

丸山珈琲 輕井澤本店 P.71

輕井澤王子 保齡球

ショッピングプラザ前

輕井澤王子購物廣場 P.17・46

晴山G場

輕井沢プリンスホテルウエスト

輕井澤王子大飯店西館

輕井澤王子大飯店高爾夫球場

信州そば処 きりさと P.99

輕井澤王子大飯店滑雪場

輕井澤王子大飯店東館 （2017年夏季重新開幕）

矢ケ崎峠

矢ケ崎山▲

碓冰峠

中尾山▲

沢GC

ライズテニスコート

入山峠入口

ホテル サンパレス軽井沢

輕井澤 皇家王子大飯店 P.110

アリスの丘 P.53

成沢

CHISUN INN KARUIZAWA

ART HOTEL DOGLEG 軽井沢

南軽井沢

入山峠

碓氷バイパス

群馬縣 安中市

石臼挽き蕎麦 東間 P.98

柳橋

Café Le Petit Nid 3 P.94

ITALIAN KITCHEN NAOKI P.91

南軽井沢

18

輕井沢72ゴルフ

輕井澤72高爾夫球場東球道

輕井澤72高爾夫球場西球道

輕井澤72高爾夫球場南球道

馬越

押立茶房 P.70

押立山下

治安のいしずえ前

cherry House 井沢

馬越GC

Brasserie NAKAGAWA P.86

ニュータウン

Mary Rose P.55

Garden Cafe Foglia P.55

押立山

輕井澤湖畔花園 P.54

輕井澤淺間王子大飯店

輕井澤淺間高爾夫球場

下仁田町

▲愛宕山

和美峠

碓冰軽井沢

上信越自動車道

碓冰軽井沢

139

A

B

P.89 追分そば茶家

追分宿郷土館 P.75

軽井沢西部小

● カフェ・リエゾン

P.80 淺間神社 芭蕉的句碑

西部小学校前

追分

レストラン ゆう木 P.82

RESTAURANT
SOUILLARDE P.85
三ツ石

古書追分コロニー P.77

18

芦屋亭

P.75 布來籠工房ままごと屋

高札場

諏訪神社П

● 追分界溝橋

喬麦処 ささくら P.99
追分

一石庵

三ツ石公民館

夏洛克・福爾摩斯像

平岡篤頼文庫

泉洞寺 P.74

追分公民館

中山道

堀辰雄文學紀念館 P.75

1

小諸

森のカフェテラス・
KAWAN RUMOR P.82

P.74 追分的分歧點

追分宿

信濃追分文化磁場油屋 P.76

信濃追分站

往小諸

18

エクシブ軽井沢パセオ

追分入口
淺間Sun Line入口

一歩bakery P.78

軽井沢森の家

Petit Lapin P.82

プライベートリゾート
エクシブ軽井沢

輕井澤町

信濃鐵道

136

北陸新幹線

みかげ茶屋 P.79

お茶処山野草

信濃追分周邊擴大圖

Domaine de Mikuni

0   500m N

Café Gourmand P.78

御影用水温水路 P.79

せせらぎ亭

2

往小諸站

往佐久平休息站

往佐久平站

CARO FORESTA 軽井沢 GIARDINO

往
pain Tramer

RTEA ROOM P.78

P.99 追分そば茶家

18

信濃追分周邊擴大圖

追分宿郷土館 P.75

3

P.79

P.80 淺間神社

西部小学校前

借宿西

御代田町

三ツ石公民館

80

淺間Sun Line

P.75 堀辰雄文學紀念館

泉洞寺 P.74

追分界溝橋

中山道

追分

エンジョイニングオプチニス

往小諸

P.74 追分的分歧點

追分公民館

追分入口

信濃追分文化磁場油屋 P.76

137

輕井澤
追分郵局

淺間Sun Line入口

信濃追分站

136

信濃追分站

A

B

往小諸站

往佐久站

0 500m N

↑往千瀧瀑布

↑往北輕井澤

P.70 千瀧瀑布遊步道

山の手入口

千ヶ滝入口

P.71 CHELSEA'S GARDEN CAFE

146

山寿惠留・INN　西武軽井沢営業所

千ヶ滝郵局

湯川

P.113 多米輕井澤倶樂部酒店

千光稲荷神社

P.63 SEZON現代美術館　　千ヶ滝温泉入口

P.113 ART HOTEL VILLA11

塩坪上

塩壺温泉ホテル P.69

P.60 軽井沢千ヶ滝温泉

輕井澤野鳥之森 P.64

虹夕諾雅水療 P.109

虹夕諾雅輕井澤 P.108

P.69 Café HUNGRY SPOT

星野温泉 蜻蛉之湯 P.68

P.69 村民食堂

營火咖啡 P.65

千ヶ滝庵

Picchio P.64

星野温泉トンボの湯

湯川沿岸歩道 P.59

千ヶ滝別荘地管理事務所前

BAKERY & RESTAURANT SAWAMURA P.58・103

榆樹街小鎮 P.58

P.63 田崎美術館

輕井澤高原教堂 P.62・132

虹夕諾雅輕井澤接待中心

P.111 Hotel Bleston Court

石之教堂

P.66 Hotel Bleston Court The Lounge

上の原

内村鑑三紀念堂 P.62・132

146

いこい山荘

湯川

富ヶ丘

Ray coffee house P.67

BELL'S CABIN Cafe & Guest House P.95

P.70 Brunch Cafe LAPIN

中輕井澤站內觀光服務處(くつかけテラス内)

文化会館前

P.70

A LA GARE

P.101 JA佐久浅間軽井沢直売所

PÂTISSERIE CHEZ KAJIWARA P.71

P.103 haluta karuizawa

長倉公園

富ヶ丘入口

軽井沢病院

軽井沢現代美術館

MODESTO P.89

軽井沢町役場

中軽井沢駅前

P.63 輕井澤現代美術館

P.67 Coffee House Shaker

軽井沢病院前

輕井澤町歷史民俗資料館 P.70

中部小入口

中山道

発地入口

中輕井澤站

舊近衛文麿別墅(市村記念館) P.70

宿場東

中学校前

P.101 軽井沢サラダふぁーむ

P.96 松水庵 軽井沢高原とうふ

古宿公民館

中部小学校

借宿東

ゆうすげ温泉旅館 P.68

Ristorante A'dagio P.90

信濃鉄道

軽井沢中学前

18 離山

図書館前

P.90 Trattoria La Pacchia

輕井澤嚮導服務 P.71

北陸新幹線

Le Bon Vivant P.87 Karuizawa

A FENESTELLA P.88

Coffee ラ・ヴィーン P.71

軽井沢萬豪酒店

湯川ふるさと公園

無彩庵 池田 P.100

157

Hermitage de Tamura P.84

離山房 P.52

ファミリーロッジ旅籠屋/軽井沢店

軽井沢署

鳥井原

TSURUYA輕井澤店 P.71・105

ゆとりろ軽井沢ホテル P.113

軽井沢駅前店

輕井澤千住博美術館 P.50

LiVEMAX RESORT KARUIZAWA-FOREST P.113

鳥井原川

島原

鳥井原東

軽井沢バイパス

軽井沢ホテル パイプのけむり

↑往横川

塩沢

1

2

3

INDEX

cocomiru ココミル
輕井澤

【 叩叩日本系列 12 】

輕井澤

作者／JTB Publishing, Inc.
翻譯／潘涵語
校對／張雅茜
編輯／林庭安
發行人／周元白
出版者／人人出版股份有限公司
地址／23145新北市新店區寶橋路235巷6弄6號7樓
電話／(02)2918-3366（代表號）
傳真／(02)2914-0000
網址／www.jjp.com.tw
郵政劃撥帳號／16402311人人出版股份有限公司
製版印刷／長城製版印刷股份有限公司
電話／(02)2918-3366（代表號）
經銷商／聯合發行股份有限公司
電話／(02)2917-8022
第一版第一刷／2018年6月
定價／新台幣320元

日本版原書名／ココミル
日本版發行人／秋田　守
Cocomiru Series
Title: KARUIZAWA
©2017 JTB Publishing, Inc.
All Rights Reserved.
First published in Japan in 2017 by JTB Publishing, Inc. Tokyo.
Chinese translation rights arranged with JTB Publishing, Inc.
through Creek and River Co., Ltd., Tokyo.
Chinese translation copyright © 2018 by Jen Jen Publishing Co., Ltd.

國家圖書館出版品預行編目 (CIP) 資料

輕井澤 / JTB Publishing, Inc.作 ；
潘涵語翻譯. —— 第一版. —— 新北市：
人人, 2018.06
面； 公分. ——(叩叩日本系列 ； 12)
譯自：ココミル輕井沢
ISBN 978-986-461-143-0 (平裝)

1.旅遊 2.日本長野縣

731.7439   107007014
                                    LE

創造一次美好的旅遊回憶♪

Find us on
人人出版・人人的伴旅

人人出版好本事
提供旅遊小常識＆最新出版訊息
回答問卷還有送小贈品
部落格網址：http://www.jjp.com.tw/jenjenblog/

叩叩日本 12
201806